KB144451

# 남과
# 다르게,
# 나답게
# 사는 법

저우구이이(周桂伊) 지음
주은주 옮김

BM 성안당

모든 문제는
한 발짝만 더 깊이 들여다보면
뜻밖의 해답이 존재한다

### 인지 차이

나는 십 년 동안 인물 인터뷰를 진행했다.

한번은 중국에서 몸값이 가장 높은 여성 예술가와 인터뷰를 했는데 예술, 사상, 학술 면 외에 스캔들에 관한 것도 물어보았다.

"남편이 외도할까 봐 걱정되진 않으세요? 무척 잘생기고 능력도 좋으시잖아요."

예술가가 빙그레 웃으며 반문했다.

"이런 질문은 왜 나한테만 하죠? 내가 바람날 걱정은 안 돼요?"

난 정말로 여성 예술가의 남편에게 찾아가서 같은 질문을 했다. 또한 명의 예술가인 그의 생각이 궁금했는데, 그 대답이 무척 만족스러웠다. 그를 만나고 돌아와서 여성 예술가에게 남편의 대답을 그대로 전하려 했더니 그녀는 손사래를 치고 웃으며 말했다.

"하하, 모르는 게 약이에요."

이 일화는 몇 년이 지난 지금까지도 내 기억 속에 강하게 남아 있다. 만약 그때 여성 예술가가 남자가 바람나지 않게 예방하는 비결과 기교를 알려주었다면 아마 그 기억을 금방 잊었을 것이다. 하지만 그녀는 오히려 배우자의 외도에서 해탈하는 방법을 가르쳐주었다.

"관심사를 자신에게 두고, 두려워도 변화무상한 인생에 함부로 덤비지 마세요."

난 이 말을 그로부터 몇 년 뒤에야 이해했다. 무심하게 스치듯 가볍게 던졌던 그녀의 말은 그녀가 살아온 인생의 흔적과 가치관과 사고방식이 한데 어우러진 결과이고 선택이었다. 그녀는 흔한 힐링 서적처럼 날 위로하지 않고 내가 스스로 경험하고 세월이 지나야만 알 수 있는 깨달음을 주었다.

여성 예술가의 소탈함, 지혜, 통찰력에 감탄했던 나는 아직도 그녀의 인상을 잊지 못하고 있다. 실제로 그녀처럼 생각하고 행동할 수 있는 여성은 정말 드물다.

여성은 감성적인 동물이다. "난 여자니까 내 말대로 해.", "여자인 날 시키면 안 되지.", "연약한 여자라서 아파." 등의 말은 틀에 박힌 고정 관념을 묵인하는 것인 동시에 운명에 모든 걸 맡긴다는 피동적인 자세로 누군가 대신 책임을 지기를 바라는 태도다.

물론 이런 태도를 나쁘다고 나무랄 수는 없다. 다만 세상에는 공짜가 없고 모든 일에는 대가가 따른다. 여성이 가장 많은 혜택을 받는 젊은 시절은 사실 금방 지나간다. 감정만 믿고 요행을 바라며 현실에 대항하는 삶은 한계가 있다는 뜻이다.

내가 관찰한 바로는 삶을 유연하게 대하는 여성은 인생의 각 단계마다 그 순간을 충분히 즐기고 모든 상황에서 여유를 잃지 않는다. 그러한 여성은 스스로 책임질 줄 안다. 인간의 본성을 깊고 진지하게 인식하고 논리와 규칙을 신뢰하며 고정 관념을 깨기 위해 부지런히 노력하여 나약함을 극복한다.

이렇게 평생 자신을 발전시키기 위해서 중요한 것은 외모와 부가 아니라 바로 인지認知다.

힐링 서적이 범람하던 시대에는 위로의 말들이 도움이 된 건 분명하지만, 경계에 그치거나 일방적인 면이 있었다. 그런 글들이 때로는 구체적인 방법이나 간단한 테크닉을 알려주고 마지막 결론까지도 제시해주어서 무척 유용해 보인다. 그러나 인지 과정은 우리가 완전히 새로운 방식으로 사고하고 가치관을 완벽히 정립하며 스스로 감정을 순환시킬 수 있게 한다. 인지는 항상 자기만의 경험을 바탕으로 하므로 자신에게만 적용되며 타인이 돕거나 대신할 수도 없다.

인지는 지혜의 한 종류다. 힐링 서적이 방법을 알려준다면, 인지는 방향을 제시한다. 힐링 서적을 읽고 자율이 중요하다는 걸 깨달아도 자기 체중조차 조절하지 못하는 사람은 자기 인생을 통제하지 못한다. 하지만 인지는 다르다. 인지는 안전한 곳을 벗어나 극심한 불안 속으로 스스로 뛰어들게 만든다. 왜냐하면 자율은 자기 구속, 자기 압박, 자기비판과 같은데 사람은 안정된 상황에서는 자신을 정확히 알지도 믿지도 못해서 자율적인 삶을 살 수 없기 때문이다.

힐링 서적에서는 여성에게 이렇게 말한다.

"낭신이 가난한 이유는 노력이 부족했기 때문입니다.", "공주가 되지 말고 여왕이 되세요."

그런데 가만히 생각해보면 앞의 말은 '아웃풋과 인풋의 완벽한 균형'을 추구하는 논리에 위배되고, 뒤의 말은 너무 강경해서 허세가 느껴진다. 하지만 인지는 성장에 필요한 한 가지 기준을 제시한다. 즉 인지는 사고방식이 새로운 차원으로 완벽히 업그레이드되면 내적 판단을 할 수 있게 한다.

'외로운 결혼 생활'이나 '존재감 없는 남편' 문제로 고민인 경우, 힐링 서적에서는 하나같이 남자를 잘못 골랐다거나 결혼에 실패했다고 지적한다. 그러나 인지 과정을 거치면 자극, 가치, 역할 이 세 가지 요소가 남녀 관계에 영향을 준다는 사실을 깨닫게 된다. 또한 물질이 발달하고 관념이 성숙한 포스트모더니즘 사회에서 결혼 제도가 어떤 방향으로 발전해야 하는지도 눈에 훤히 보인다. 고난은 모두 법칙처럼 겪는 것임을 알게 되는 것이다.

힐링 서적에서 중산층은 교육이 인생의 피날레라고 한다. 그렇기에 이런 책을 읽은 부모는 어떻게 해야 좋은 부모가 될 수 있을지 매일 노심초사하는 한편 부모로서의 존재감을 잃지 않으려고 지나치게 희생하며 부모의 도리를 다하려고 애쓴다. 그러나 인지 과정을 거치면 막연한 두려움으로 혈연관계의 유대에 지나치게 의존하는 것은 오히려 퇴화임을 알게 된다. 시대가 변했기 때문에 옛날처럼 노후 대비를 위해 자녀를 양육하는 관습을 버리고 자신의 인생 경험을 풍부하게 하는 것이 현대식 육아법이자 가족이 모두 편안해지는 길임을 깨닫는다.

나는 이 책에서 '자신과의 관계', '타인과의 관계', '세상과의 관계' 이세 가지 측면을 심리학의 최신 성과, 입증된 규칙, 각 영역의 공통된 지식과 결합하여 이렇게 정리했다.

'모든 문제는 한 발짝만 더 깊이 들여다보면 뜻밖의 해답이 존재한다. 힐링 서적에는 진실과 거짓이 혼재하므로 그 안에서 진실을 발견하고 변화를 수용하여 자아를 인식해야만 뜨거운 불길 속에서 탄소를 추출하듯이 마음속에 반짝이는 다이아몬드가 생긴다.'

한두 마디의 말을 맹목적으로 따르지 말고 쪼개어 음미하며 진지하게 독립적으로 사고하면 자기만의 숨겨진 지렛대를 발견하여 인생을 든든히 지탱할 수 있다. 이것이 바로 생각을 바꾸는 것, 인지 변화다.


## 인생 승리자

언젠가 한 모임에 참석했는데 진행자가 나를 이렇게 소개했다.

"저우구이이 씨는 스물여섯 살에 결혼해서 스물여덟 살에 아이를 낳고 서른두 살에 창업하셨으니 그야말로 인생 승리자입니다."

내가 농담조로 말했다.

"전 인생 승리자란 말이 너무 무서워요. 만약에 제가 이혼을 하거나 사업에 실패해서 지금과 상황이 달라지면 인생 패배자가 된다는 말처럼 들리거든요."

인생 승리자란 말은 요즘 시대에 많이 쓰이는 단어로, 저울질로 무게를 잰 느낌이 물씬 난다.

계층이 빠르게 변화하는 요즘 시대에 다윈주의Darwinism가 다시 부각되면서 경쟁은 인간관계의 중심이 되어버렸다. 이를테면 '다른 사람보다 행복하기'를 바라서 자신이 덜 행복하다고 느끼고, 남을 이기고 싶은 마음에 자기 인생을 스스로 정의하지 않고 남과 비교하여 정의를 내리는 것이다.

물론 나도 인생 승리자가 되고 싶다. 한때가 아닌, 평생 승리자가 되면 좋겠다. 하지만 과연 어떤 사람이 인생 승리자일까? 인생을 사는 동안 별 탈 없이 순탄하고 풍파를 전혀 겪지 않은 사람일까? 슈퍼마리오 게임처럼 미션을 하나씩 수행해나가면 될까?

내 친구 중에 정말 그렇게 살아온 사람이 있다. 부유한 집안에서 자란 그녀는 인생을 한 단계씩 차근차근 밟아나갔다. 하지만 모두가 그런 그녀를 부러워할 때 그녀는 심각한 우울증을 앓았다. 나중에 알고 보니 그녀의 남편이 가정 폭력을 행사하고 아이를 나 몰라라 해서 그녀가 싱글 맘처럼 겨우 가정을 지탱했던 것이었다. 그녀는 당연히 이런 삶을 원하지 않았고 자기 일을 갖기를 원했지만 가정의 불운 때문에 일찌감치 기회를 잃고 말았다. 남들이 보기에는 모든 걸 다 갖춘 사람 같지만 자신의 처지를 아는 그녀는 그런 시선들을 부담스러워했다.

인생은 자기만 아는 다큐멘터리 영화다. 온기도 없는 표면적인 지표만으로 삶의 행복 여부를 어떻게 장담할 수 있겠는가.

한 가지 사례를 더 들어보겠다. 이번에는 대중이 인정한 최강 인생 승리자의 강화 버전이다.

2017년 5월에 세상을 떠난 옌유윈嚴幼韻 여사는 중국 근현대사의 증인이다. 그녀는 내가 우러러보는 부류의 여성으로, 부유한 집안에서 태어나 부족한 것 하나 없이 사랑을 듬뿍 받으며 자랐다. 누구에게 멸시를 받거나 두렵고 무서운 낯빛을 보인 적이 없으며 내면에는 선함, 따뜻함, 끈기 같은 긍정적인 힘이 가득했다.

그녀는 열네 살까지 귀족 학교를 다녔고, 하인이 매일 다른 간식을 특별히 공수해 와서 정성껏 준비하여 학교까지 가져다주었다. 그녀의 남편은 중국 역사에서 한 획을 그은 인물이며 자녀들도 모두 훌륭한 인물로 성장했다. 옌유윈 본인은 112세까지 살았다.

그녀의 삶이 가장 불행했던 순간은 첫 남편이 총살당했을 때였다. 그때는 어쩔 수 없이 아이 셋을 데리고 남편과 같은 시기에 변고를 당한 외교관들의 아내와 자녀들과 함께 작은 섬에서 억세게 버티며 살아남았다. 장신구와 보석도 내다 팔고, 밭에 채소도 심고, 간장과 비누를 만드는 법도 배우고, 닭과 오리도 키웠다. 그 이후에 재혼을 했는데 두 번째 남편과도 백년해로하지는 못했다. 햇수를 손가락으로 꼽아보면 그녀는 인생의 절반을 홀로 외롭게 보냈다.

그렇다면 옌유원은 과연 팔자가 좋은 인생을 살았던 것일까? 인생 승리자였다고 할 수 있을까?

팔자를 논하기 전에 분명히 알아둘 것이 있다. 사람의 운명은 변한다는 사실이다. 인생 승리자를 거론할 때도 마찬가지다. 승리는 상대적인 개념이고 패배는 인생에서 흔히 있는 일임을 염두에 두어야 한다. 만약 옌유원이 인생의 모든 기회를 놓치지 않고, 무엇이든 스스로 선택하고, 스스로 가치 체계를 정립하고, 자신의 운명을 스스로 정의한 사람이었다면 그녀를 인생 승리자라고 불러도 된다.

그렇다. 좋은 팔자는 통계 수치로 계산되어 나오는 것이 아니며 완벽하게 좋은 팔자는 원래 없다. 운이 좋아서 블랙 스완 효과(Black Swan Effect, 발생 가능성이 희박한 일이 실제로 발생하여 상당한 충격과 파급을 유발하는 현상-역주)와 뜻밖의 액운이 비켜 간 덕분에 인생 승리자가 되는 것도 아니다. 복과 재물이 많고 만사가 두루 평안해서 한평생 '주인공'으로 사는 것을 훌륭한 인생이라고 정의하지 않는다. 인생의 승리자라고 불리려면 한 가지 기준이 있다. 자기가 바라던 것을 이룬 사람이어야 한다.

불행한 가정에서 자란 아이는 평생 완벽한 인생을 살아보는 게 소원이다. 소원이라고는 하지만 그저 안정되고 안전하게 살기만을 바랄 뿐이다. 그런 소원을 가졌던 내 친구는 자라서 가능성 있는 사업을 포기하고 남들이 보기에 지극히 평범한 삶을 살았다. 하지만 내 친구에게는 그런 삶이 꿈에 그리던 천국이었다.

어릴 때 멸시를 받은 아이는 힘을 강하게 길러서 열등감을 극복했고, 어릴 때 주목을 받은 아이는 훗날 자유로운 삶을 택해서 공명에 얽매이지 않게 되었다. 전자와 후자의 결과는 다르지만 지향하는 바는 똑같다. 즉 소원을 이루고 자신이 선택한 삶을 스스로 책임졌다.

인생 승리자가 되기 위해서 가장 중요한 점은 남과 경쟁하지 않는 것이다. 진정한 인생 승리자의 경쟁자는 오직 자신의 한계뿐이며 그 밖의 경쟁 상대는 없다.

훌륭한 인생은 자신이 피해자와 약자라는 생각을 버리고 '자신, 타인, 세상'과의 관계를 잘 정립하는 것이다. 그러므로 평생 꾸준히 자신의 인지를 향상시키는 데에만 집중한 사람이야말로 인생 승리자다.


### 인지 차이를 줄이는 법

사람들은 힐링 서적을 읽으면 인지가 향상된다고 생각하는데, 그런 종류의 서적을 너무 많이 읽으면 오히려 인지를 오인할 수도 있다.

힐링 서적은 정서적인 만족감을 금방 충족시키는 효과가 있지만, 감정은 세차게 밀려 들어왔다가 이내 흔적도 없이 빠져나가는 바닷물처럼 단편적이고 종잡을 수가 없다. 그러나 인지 변화는 강물이 산으로 흘러 들어가고 풍화 작용으로 절벽 모서리가 둥글게 깎이듯이 아주

느리게 진행되고 경험과 사고가 상호 작용하는 과정이다.

힐링 서적을 읽으면 마치 스파를 하는 것처럼 마음이 편안해지고 위로를 받는다. 하지만 인지 과정에서는 스스로에게 힐문하고 자신을 압박하는 지독한 소통을 거쳐야 하므로 도중에 간혹 치명적인 상처를 입는다. 낡은 옛날 지도를 보며 새로운 목적지로 향할 수는 없기 때문이다. 그래서 인지를 향상시키고 싶은 사람들에게 몇 가지 방법을 제안한다.

첫째, 심리학을 공부하자. 심리학을 배우면 자신을 정확히 알고 세상을 알게 되므로 자아를 인식하는 데 큰 도움이 된다.

둘째, 용감하게 경험하자. 다양한 감각은 인지 변화의 전제 조건이자 필수 조건이다. 사람들 속에 몸을 던져서 경험하고 진실한 삶을 회피하지 않아야 한다.

셋째, 독서를 사랑하자. 독서는 세상의 규칙을 이해하는 최선의 방법이자 가장 경제적인 방법이다.

넷째, 반성을 생활화하자. 과거의 어려움을 반성하고 경험을 되새기는 과정을 반복하면 직면한 상황 앞에서 낡은 사고의 함정에 빠지지 않는다.

인지를 향상하는 길은 오로지 자기 혼자서만 갈 수 있으며 행복한 미래로 가는 거의 유일한 길이다.

## 지금 우리는 어떤 시대에 살고 있나

2017년 5월 바둑 기사 커제柯潔가 알파고에게 지는 일이 벌어졌다. 뉴스에서는 슈퍼컴퓨터 딥블루Deep Blue가 대단하다는 건 알았지만 알파고가 인공지능 시대를 여는 첫 주자에 불과하다는 사실은 뜻밖이라고 의미심장한 논평을 냈다. 사람들도 어쩌면 인공지능은 그저 공상과학 이야기 속에나 나오는 것이라는 의심을 지우지 못했을 것이다. 하지만 현실은 달랐다.

2015년에 인도에서는 이미 여자 아기의 유전병을 유전 알고리즘을 통해 출생 전에 고쳤다. 부모는 아직도 피자 가게로 직접 걸어 들어가는데 아이들은 증강 현실AR로 들어간다. 또 이제는 검색어 빈도로 대중적인 화제를 폭넓게 추천하지 않고, 유저의 검색 기록을 바탕으로 관심사를 계산하여 유저에게 최적화된 화젯거리를 추천한다.

미래가 이미 우리 곁에 온 것이다.

과학 기술은 점진적으로 발전하지 않고 급격히 성장한다. 말하자면 과거에는 인류가 백 년에 걸쳐서 공략한 문제일지라도 현재는 과학 기술이 발전하여 한 달이면 돌파할 수 있다. 시대의 큰 흐름을 따라서 우리가 예상하지 못한 단계로 빠르게 변화화고 있는 것이다.

미래는 이미 우리 곁에 와 있다.

미래란 무엇인가? 미래란 미지다. 미래에는 똑같은 우상도 없고 절대적인 아름다움도 없고 영원한 안정도 없다. '인생 승리자' 같은 통일된 정의는 더더욱 없다. 미래에는 자기만의 비밀 무기를 사용하듯이 자신의 인지 수준으로 대상을 정의해야 한다.

　다가올 미지의 시대에는 어떻게 해야 자신을 이기고 인생 승리자가 될 수 있을까? 미래에는 어떻게 하면 행운이 찾아올까?

　해답은 바로 자기 마음속에 있다. 하나씩 스스로 묻고 답하고 차근차근 자신을 변화시키면서 꾸준히 가꾸고 다듬는 것이 비결이다. 그러면 인지 차이를 줄이는 과정에서 보물 같은 해답을 발견하게 될 것이다.

　행운을 빈다.

# 목 차

# 1 새로운 나
## 성공한 사람과 생각 차 좁히기

# 2 행복 인지
## 탁월한 친밀감도 인지 능력이다

# 3 사랑의 체계
## 자아 인식 업그레이드

# 4 인생 비즈니스 모델
## 아름답고 풍요로운 인생이란?

# 5 자율은 자유다
## 안전지대 벗어나기

# 6 인지 자산 관리
## 미래를 그릴 수 있는 사람만이 현재를 누릴 자격이 있다

# 새로운 나

## 성공한 사람과 생각 차 좁히기

**1**

# 사고방식 업그레이드 :
# 유연한 판단을 내리는 법

서른이 넘으면 인생을 주도하고 인생 항로를 정하는 법을 배우기 시작한다. 이 인생은 완벽한 삶이 아닌, 흑백 논리에 갇히지 않는 유연한 삶이다.

나는 대학을 졸업한 뒤에 인물을 인터뷰하는 일을 시작했다. 첫 번째 인터뷰 대상은 부동산 업계에서 성공한 여성 CEO 리사Lisa였다. 몸값이 수억에 달하는 리사는 진정한 '여신女神'이라고 할 만큼 미모가 빼어난 싱글이다. 그녀는 부동산 투기가 날로 기승을 부리던 2008년에 부동산 회사를 창업하여 업계에서 독보적인 인물로 단숨에 부상했다.

레스토랑 벨라지오Bellagio에서 리사를 만났는데, 꽤 넓은 공간에 배치된 갖가지 예술품 사이로 걸어오는 그녀의 모습에서 광채가 났다. 인사를 나눈 뒤에 나는 어떤 질문부터 해야 할지 막막하고 긴장한 나머지 입에서 나오는 대로 말문을 열었다.

"이렇게 미인이고 재력가인데 왜 결혼을 안 하셨어요?"

"결혼했었어요. 대학 졸업하자마자 했지만 금방 이혼했죠."

그녀의 대답을 듣고 나는 뭐라 할 말이 떠오르지 않았다. 원래는 사업에 관한 인터뷰를 할 계획이었지만 주제가 완전히 빗나가고 말았다.

외교관 부모님의 슬하에서 자란 그녀는 스물한 살에 첫사랑을 만나 졸업과 동시에 약혼했고, 미래에 관한 무한한 동경을 품고서 스물세 살에 결혼식을 치렀다. 그때만 해도 누군가를 그저 사랑하는 것과 그 사람과 함께 사는 것이 그렇게 다른 삶인지는 생각도 하지 못했다.

"남편은 어려운 환경에서 고생하며 자란 사람이라서 형편이 살 만해도 가사 도우미를 고용하지 않고 나더러 집안일을 직접 다 하라고 했어요. 또 내가 자기 뜻에 전적으로 따르기를 원했죠. 이를테면 이런 거예요. 탕을 끓일 때는 무조건 전분을 넣으라고 해요. 하지만 전 전분을 싫어하거든요. 그래서 한번은 전분을 넣지 않고 끓였는데 남편이 전분 한 캔을 집어 들고는 몽땅 솥에 퍼붓더라고요. 하도 기가 막혀서 나도 모르게 큰 소리로 하하 웃었더니 남편이 급기야 히스테리를 부리더군요."

리사는 그런 결혼 생활이 새장에 갇힌 새처럼 답답했고 그럴수록 바깥세상으로 나가 자신만의 공간을 갖고 싶었다. 하지만 그녀가 직장을 구할 때마다 남편은 회사 사장이 그녀에게 딴 맘을 품고 채용했다고 여기며 갖은 방법으로 그녀의 일을 방해했다. 그래서 리사는 수시로 직장을 옮겨 다녀야 했고, 집에만 오면 남편과 말다툼하기 일쑤였다. 하루하루가 서로에게 고역이었다. 이에 그녀는 두 사람의 인연이 다했다는 생각이 들었다. 끝내 이혼할 때도 남편에게 위자료를 한 푼도 요구하지 않았다. 그런 뒤에야 비로소 깨달았다. 자신의 인생에는 부모도 관여할 수 없고 남편도 간섭할 수 없으며 믿을 사람은 자신뿐이라는 것을 말이다.

그 이후 그녀가 겪어온 역경 스토리는 이미 많은 매체를 통해 알려졌다. 그녀는 프로그래머로 직장 생활을 시작했다. 베이징연합대학北京聯合大學을 졸업한 그녀는 유명 대학 졸업생이 운집한 회사에서 데이터를 입력하는 일부터 배웠다. 일주일간 연습해서 1분당 70~80자를 입력할 수 있게 되었고, 또 어느 프로그래머가 갑자기 회사를 그만두면 비장의 카드인 대학 간판을 내세워서 대신 업무를 맡아 며칠 밤을 새우며 프로그램을 짰다. 하지만 급여 인상은 요구하지 않았다.

내가 물었다.

"여러 회사를 전전하다가 부동산 회사의 CEO가 되기까지 십 년간의 세월을 되돌아보면 어떤 생각이 드나요?"

그녀는 잠시 생각하다가 말했다.

"젊을 때는 내가 뭘 원하는지 몰랐어요. 나중에야 내가 존중받기를 원한다는 걸 알았죠."

날마다 새벽부터 늦은 밤까지 일하며 버스와 지하철에 시달렸던 십 년은 부동산 업계에 안착한 그녀에게 결코 헛된 시간이 아니었다. 그런 고난 속에서 깨달은 바가 있었기에 지금의 위치에 오르게 된 것이다. 한번은 어느 파티에서 전남편과 우연히 마주쳤는데, 그는 리사에게 "세상에서 가장 좋은 사람이 날 떠나갔지."라며 그녀가 지금처럼 성공할 줄 알았다며 담담하게 말했다고 한다.

인터뷰는 그렇게 끝이 났고 나는 보이스 펜을 껐다. 자리를 떠나려다가 못내 궁금해서 한 마디 더 물었다.

"지금은 행복하세요?"

그녀가 대답했다.

"행복해요. 하지만 서른이 되기 전에는 행복했던 적이 없어요. 있었다고 해도 아주 짧은 순간이어서 행복이라고 말할 수도 없죠. 내겐 순탄하지 않은 일이 무척 많았어요. 온 세상이 날 너무 힘들게 했고, 나한테는 재수 없는 일만 생겼고……. 하지만 그렇게 힘든 순간에도 난 그 어려움들을 무조건 이겨내야 한다고 생각했어요. 절대로 죽지 않고 반드시 살아남을 거라고요."

서른이 되기 전에는 행복하지 않았다고 말하며 미소를 짓는 그녀의 표정은 편안해 보였다.

모든 여성의 '바이블'로 인식되는 미국 드라마 〈섹스 앤 더 시티Sex and the City〉는 장장 칠 년 동안 방영되었다. 드라마에서는 뉴욕이라는 대도시에 사는 트렌디한 여성들의 청춘 이야기를 다채롭게 보여주었다. 시즌 1에서 20대 초반인 여주인공 캐리는 뉴욕에 갓 입성해서 구두를 4만 달러어치나 샀다. 그 때문에 주거비를 충당하지 못하게 돼도 개의치 않았다. 그녀는 매일 곳곳에서 열리는 파티에 참석하느라 바쁜 일상을 보내면서도 마음 한구석은 늘 불안했다. 인적이 없는 깊은 밤에는 실의에 빠져서 의기소침하게 이런 글을 적기도 했다.

'우리가 저지른 실수는 어쩌면 불행한 운명의 씨앗일지도 몰라.'

마지막 시즌에서, 결혼하기 싫어서 도망쳤던 캐리가 남자 친구 빅과 어떻게 결혼하게 되었는지 기억하는 사람이 있을지도 모르겠다. 그녀는 심플한 웨딩드레스를 입고 관공서에 가서 5분 만에 결혼 서약을 마쳤다. 이 때문에 빅은 그녀를 존경하는 마음까지 갖게 되었다.

캐리는 마흔에 들어서고 나서야 마침내 막장 같았던 청춘의 고개를 넘었다. 그동안 난감한 일을 무수하게 겪으며 자신을 정확히 알게 되었고 삶의 태도도 의연해졌다.

젊은 시절에는 막 돛을 올린 조각배가 거친 파도에 휩쓸려 요동치듯 삶의 기복이 크다. 그러나 시간이 흐르면서 서서히 그런 삶에 길들여지고 자신을 제어할 수 있게 되면 비로소 마음이 평온하고 밝아진다.

누구나 청춘을 그리워하지만 사실은 자신의 젊은 시절이 행복하지 않았다고 하는 사람도 꽤 많다.

젊을 때는 이상을 가득 품고 있지만 맛난 스테이크를 사 먹을 돈이 없다. 젊고 건강한 몸으로 가치 없는 일에 힘을 종종 낭비하기도 한다. 또 자신이 설 곳을 찾으려고 아무리 노력해도 앞은 캄캄하기만 하다. 주변 사람이 잇달아 각자의 뜻을 이루면 마음이 조급해져서 빈말이라도 그들의 성과를 인정해주지 못한다.

가오샤오쑹高曉松(작곡가, 프로듀서, 영화감독 등 다방면으로 활동하는 중국의 유명 인사 역주)은 "청춘은 딱하다."라고 했다.

우리는 열심히 돈을 벌어서 자급자족이 가능해야만 독립을 고려하고, 부모에게 자신이 원하지 않는 것을 차츰 표현할 수 있다. 또 직장에서 일이 잘 풀려야 새로운 선택의 가능성도 열린다. 사람은 대개 물질적인 여유가 생겨야 마음도 여유로워진다. 더불어 좋아하는 사람을 위해서 무언가를 할 여력도 생기고 책임을 운운할 패기도 생긴다.

중년이 되면 호시절이 다 끝난 셈이라고 감히 말할 수 있을까?

서른이 되면 강해진다. 밤낮으로 꾀죄죄한 몰골이 되도록 일해도 전혀 측은하지 않고, IQ와 EQ를 번갈아 활용하며 좋아하는 일에 불나방처럼 뛰어들어 성과를 일군다.

서른이 되면 자신을 변화시키려고 노력한다. 부단히 자아를 성찰하고 자신을 바로 이해함으로써 자신에게 너그러워진다. 인생에는 여러 개의 갈림길이 있기에 냉정한 태도로 상황을 잘 분석하고 자기 훈련을 꾸준히 하며 자신의 가치를 높여나가야 한다. 그러면 비록 출발점이 다르고 처한 환경이 제각각이라 할지라도 고통을 이겨낸 뒤에 탄생하는 진주처럼 서서히 빛을 발할 것이다.

서른이 되면 고난에 대처할 수 있는 힘이 생긴다. 살다 보면 불가피하게 감정, 스트레스, 선택, 실패 등 갖가지 이유로 고통을 겪는다. 그런 경우에 젊은이는 원망이나 공격을 하고 심지어 도망가거나 타락의 길을 걷는다. 하지만 나이가 들면 그런 상황들을 꾹 참고 견디며 스스로를 구제할 줄 안다. 또한 외부의 시선에 아랑곳하지 않고 자신을 귀한 보석처럼 아낀다.

서른이 되면 자기 몸을 사랑할 줄 알게 된다. 자신에게 가장 잘 어울리는 파운데이션 색깔을 골라 바르고 싸구려 제품은 함부로 테스트하지 않는다. 샤워를 한 뒤에는 온몸에 로션을 꼼꼼하게 바르며 "오늘 하루도 수고했어."라고 말할 줄도 안다. 브이라인 얼굴, D컵 가슴, 셀카에 목맬 필요는 없다. 외모는 마음가짐에 따라 달라지기 마련이기 때문이다. 우리의 '모습'을 변화시키는 것은 경험, 교양, 품위, 주변 사람들, 정서, 마음의 성장 등이며, 사람들은 이런 점들을 통해 한 사람을 파악한다.

서른이 되면 사랑하고 사랑받는 법을 안다. 청춘은 당연히 아름답지만 매몰 비용<sup>다시 되돌릴 수 없는 비용</sup>이 너무 많이 든다. 그러나 다행스러운 점은, 중년이 되면 그 비용을 우리가 예상치 못한 다양한 방식으로 되돌려 받는다는 사실이다.

서른이 넘으면 인생을 주도하고 인생 항로를 정하는 법을 배우기 시작한다. 이 인생은 완벽한 삶이 아닌, 흑백 논리에 갇히지 않는 유연한 삶이다. 인간의 성장은 사고방식이 새롭게 업그레이드되는 것이다. 공주나 여왕처럼 틀에 박힌 삶을 사는 사람도 사고방식을 전환하면 한층 성장하여 유연한 판단을 내릴 수 있게 된다.

유연한 신체와 마음가짐으로 현실을 받아들이고 순응할 줄 알면 더 이상 흑백논리에 갇히지 않는다. 그렇다고 해서 원칙을 어기고 한계를 벗어나도 된다는 뜻은 아니다.

인생은 마라톤이다. 첫 바퀴부터 선두로 나서서 속도를 내려고 하면 안 된다. 우리 몸은 가장 힘든 코스를 이 악물고 달린 뒤에야 비로소 새로운 리듬에 적응한다. 그때가 되면 몸이 자유롭고 가볍고 편안해져서 장거리 달리기를 진정으로 즐기고 달리는 동안 아름다운 풍경도 여유롭게 감상할 수 있다.

# 존량적 사고와 증량적 사고 :
## 진정한 공주에게는 공주병이 없다

계층의 대물림은 자신의 '잔혹한' 의지를 물려주는 것이라고 할 수 있다. 그러나 하층민은 시중의 온갖 힐링 서적이나 동화에 두 눈이 가려져서 너무나 많은 환상에 빠져 있고, 멋진 인생은 오로지 운에 달렸다고 믿고 싶어 한다.

《인어공주》는 내가 어렸을 때 처음으로 접했던 동화다. 아름다운 목소리를 지닌 인어는 인간 왕자에게 한눈에 반해서 어떻게든 인간 공주가 되기를 간절히 바랐다. 결국 그녀는 인간 공주가 되기 위해 자신에게 가장 소중한 목소리를 내놓기로 약속하고 마녀가 준 독약을 기꺼이 마셨다. 몸이 타들어가는 고통에 괴로워하던 인어는 차츰 말을 하지 못하게 되었고 꼬리는 서서히 다리로 변했다. 새로 생긴 다리로 한 걸음씩 내디딜 때마다 발은 칼날 위를 걷는 것처럼 아팠다. 그렇게 걸어서 마침내 인어는 왕자와 만났고 그의 목숨도 구해주었다. 그러나 왕자는 인어 공주가 아닌 다른 인간 공주를 사랑하고 있었다. 이에 마음의 상처를 입은 인어는 한순간에 물거품으로 변해 사라지고 말았다.

그때 나는 어린아이였지만 이 아름다운 비극에 푹 빠져버렸다. 뙤

약볕에서 서서히 사라져가면서도 미소를 잃지 않았던 인어의 헌신적인 사랑에 매료되었던 것이다.

자라면서 다른 동화도 많이 읽었다. 《신데렐라》, 《라푼젤》, 《잠자는 숲속의 공주》 등 모두 아름다운 이야기인데 여기에는 한 가지 공통점이 있다. "그 이후로 공주와 왕자는 행복하게 아주아주 잘 살았답니다."라는 말로 이야기를 끝맺는다는 점이다. 어린 시절의 나는 여느 여자아이들처럼 그런 동화 같은 결말이 가장 행복한 인생이라고 여겼다.

성인이 되어서도 동화를 믿는 여자들은 미래가 없는 사람처럼 눈앞의 청춘을 화려하게 보낼 생각만 한다.

내가 인터뷰를 하면서 사귀었던 친구들 중에는 집안이 좋고 부유한 친구가 많다. 직접 얘기를 들어보면 그 친구들은 정말로 공주 같다. 그런데 공주병 증상은 전혀 없다. 특히 결혼 생활에서는 더더욱 그렇다.

S는 대학 시절에 사귄 친구로, 나의 15년 지기다. 2003년에 우리가 대도시에 위치한 대학교에 입학해 학교생활을 신나게 즐기고 있을 때, 그녀의 부모님은 부동산 투자를 위해 베이징에 그녀의 호적을 등록했다. 또 S가 2007년에 대학을 졸업하고 취업 때문에 고군분투하는 사이에 그녀의 부모님은 베이징의 인기 주택가에 방 두 칸짜리 아파트를 대출 없이 구입했다. 그녀의 부모님은 딸에게 무턱대고 고생스럽게 일하는 것보다 투자를 통해 재테크를 할 줄 아는 게 훨씬 중요하다고 가르쳤다.

좋은 집안에서 태어난 S는 그에 걸맞게 가정교육도 무척 잘 받았다. 어수선한 패스트푸드 식당에서 밥을 먹을 때도 말을 조용조용히 하고 식기를 가지런히 정리 정돈했다. 팀별 업무를 할 때도 그녀는 자신이 힘들더라도 다른 동료의 편의를 봐주었다. 시집도 꽤 잘 간 편이었다. 남편은 중국 전역에서 공장을 운영하는 집안의 아들이었고, 그녀는 혼수로 지참금 일억 위안과 육백만 위안짜리 고급 자동차를 마련했다.

이쯤 되면 S가 결혼 후에 사치스러운 생활을 하리라고 추측하겠지 만 사실은 전혀 그렇지 않았다. 내가 본 그녀는 오히려 결혼하고 나서 훨씬 부지런하고 진취적인 사람으로 변해 있었다.

S의 직업은 앵커다. 그녀는 결혼 후에도 매일 밤 열 시에 방송되는 뉴스를 꾸준히 진행했다. 월수입은 육천 위안에 불과했지만 그녀는 상당히 이성적이었다.

"이건 내 전문 분야이고 나중에 자립하려면 꼭 필요한 일이야. 나한 테도 마지막 피난처 하나쯤은 있어야 하잖아."

한가한 시간에는 누가 시키지 않아도 시댁이 운영하는 공장을 돌며 말단 업무부터 배웠다. 자동차 부품을 생산하는 공장이었는데, 그녀는 공장 직원을 따라서 1970년대에 생산된 올드 카도 수리했다. 지금은 능수능란하게 다룰 정도로 자동차를 잘 알고 엔진 소리만 들어도 자동차의 브랜드를 알아맞힐 수 있지만 결혼 전에는 운전도 할 줄 몰랐다. 한동안 공장에서 자동차 회수 문제로 어려움을 겪을 때는 자기가 직접 세무서와 세관을 뛰어다니며 업무를 해결했다. 또 조업을 중단하겠다 고 소란을 피우는 직원들이 있으면 차례로 만나서 터놓고 대화하며 노련하게 사태를 수습하기도 했다.

S와 남편은 동갑내기다. 그녀가 도대체 어떤 비법으로 잘생기고 젊

은 재벌 2세의 마음을 사로잡았는지 뒤에서 수군거리며 궁금해하는 사람이 많았다. 그러나 S는 그런 뜬소문에도 전혀 관심이 없었다.

"넌 내가 남자만 바라보고 살아야 한다고 생각하니? 그럴 힘이 있으면 차라리 나 자신을 위해 쓰겠어."

S는 꾸준히 운동하고 건강을 관리한 덕분에 아들과 딸을 한 명씩 출산했는데도 여전히 학생 같은 외모를 유지하고 있다.

그녀는 남편이 가업을 그만두고 개인 사업을 시작할 때 옆에서 큰 힘이 되어주었다. 그 덕분에 이제는 남편의 사업이 가업보다 훨씬 좋은 성과를 거두고 있다. 시부모님이 편찮으실 때는 민간 병원에서 치료받는 데 어려움이 생기자 그녀는 특유의 사교성으로 협조적인 의사를 찾아 도움을 받기도 했다. 또 아이가 국제학교에 입학할 때는 국적 문제를 일주일 만에 해결하고 입학 수속을 마쳤다.

난 언젠가 S가 한 말을 듣고 그녀가 참 강단이 있는 사람이라는 생각이 들었다.

"난 공주처럼 행동해야 왕자의 사랑을 받을 수 있다고 생각하지 않아. 왕자는 언젠가 왕이 될 사람이라서 주변에 유혹하는 사람이 많거든. 난 여왕이 되고 싶어. 남자의 걱정을 나누고 남자와 함께 어깨를 나란히 하여 싸우는 능력 있는 여자로서 우리가 사는 세상을 지킬거야."

나와 S는 T와도 친하다. T는 미디어대학傳媒大學 캠퍼스 퀸이고 S의 동기다. 평범한 집안에서 자란 T가 미디어대학에 입학한 결정적인 이유는 바로 부잣집에 시집가기 위해서였다. T는 그 목적을 이루려고 별의별 궁리를 다 했고 대학교 1학년 때는 다양한 사교 모임에 뻔질나게 참석했다. 그래서인지 그녀의 꿈은 꽤 빨리 이루어졌다. 대학교 3학년 때 젊은 부동산 사업가를 만나서 동거를 시작한 것이다.

두 사람의 생활은 시작부터 불평등했다. T는 남자의 호화 주택에 살면서 남자의 고급 승용차를 탔고, 해외에 나가면 남자의 VIP 카드를 긁었다. 그녀는 "여자는 애교를 잘 부려야 팔자가 좋아."라며 자신만만했다. 남자가 제법 완곡하게 그녀를 타이를 때면 그녀는 번번이 당당하게 애교를 부렸다.

"날 공주처럼 대해주겠다고 했잖아. 공주는 연약해서 보호받아야 한다고."

자신의 인생을 스스로 통제할 수 없는 사람은 남의 힘을 빌려 안정된 삶을 살려고 한다. T처럼 남자에게 전적으로 의존하여 살려고 하면 두 사람의 관계는 결국 깨지고 만다.

예쁜 여자만 공주가 되고 싶어 할까? 그렇지 않다. 아마 평범한 여자도 공주가 되기를 몹시도 바랄 것이다. 그런데 계모에게 괴롭힘을 당한 백설 공주, 저주에 걸린 잠자는 숲속의 공주, 어릴 때 부모에게 버림받은 라푼젤 등처럼 동화 속의 불행한 여주인공은 왜 모두 이야기의 마지막에 행복한 삶을 누릴까? 사람은 자신이 한 번도 누려보지 못한 것일수록 쉽게 환상에 빠지기 때문에 그런 판타지를 충족하는 결말을 지은 것이 아닌가 생각한다.

그러면 우리에게도 과연 공주가 될 가능성이 있을까? 대답은 '그렇다'이다. T가 짧은 기간이나마 공주 노릇을 했던 것처럼 충분히 가능하다. 사실 공주가 되기 위해서는 어려운 기술이 필요하지 않다. 기본적으로 아름다운 외모와 젊음이라는 이점만 갖추면 된다. 그런데 동화의 결말은 왜 늘 "그 이후로 공주와 왕자는 행복하게 아주아주 잘 살았답니다."로 마무리될까?

동화에서는 공주의 얼굴에 주름이 생기고, 아이를 낳은 후 가슴이 처지고, 왕자가 왕이 되고 나서 다른 '공주들'의 유혹을 숱하게 받았다는 이야기로 아이들의 환상을 깰 수는 없다.

하지만 성인인 우리는 동화에서처럼 어려움에 처한 자신을 구해줄 왕자가 절대로 나타나지 않는다는 걸 분명히 알아야 한다. 결혼은 삶을 보다 풍성하게 만들어주는 행위이지 판타지가 아니다.

어떤 이는 S의 사례가 열심히 노력하면 여왕이 될 수 있다는 선례가 아니라 금수저를 물려받은 것에 불과하다고 말한다. 하지만 알아둘 점이 있다. S의 어머니는 평범한 재봉사로 일하다가 부부가 함께 창업하여 패션 무역 사업을 선도한 사람이며, 두 손을 재봉 바늘에 수없이 찔려가며 많고 많은 밤을 지새운 끝에 비교적 훌륭한 환경을 자녀에게 마련해주었다는 것이다.

진정한 공주는 부모 세대가 새로운 계층으로 진입하고 그 계층에서 얻는 혜택을 유지하기 위해 얼마나 끈질기게 노력하는지 직접 눈으로 보면서 자란다. 즉 자신을 부단히 변화시키고, 매사에 자신에게 엄격하고, 일을 신중하고 조심스럽게 대하는 자세를 부모 세대에게서 배운다. 그래서 뛰어난 사람일수록 한 번의 실수로 모든 것을 망칠 수 있다는 점을 잘 안다.

말하자면 계층의 대물림은 자신의 '잔혹한' 의지를 물려주는 것이라고 할 수 있다. 그러나 하층민은 시중의 온갖 힐링 서적이나 동화에 두 눈이 가려져서 너무나 많은 환상에 빠져 있고, 멋진 인생은 오로지 운에 달렸다고 믿고 싶어 한다.

대다수의 공주병 환자는 사고방식에 문제가 있다. 경제학 용어로 설명하자면 그들은 존량存量적 사고를 하는데, 이는 기존의 인지 범위 내에서 사고하는 방식이다. 단편적으로 사고를 발달시키고 인지를 다루므로 굉장히 경직되고 보수적인 사고방식이며, 주로 가난한 사람이 이처럼 사고한다.

그러나 자신이 삶의 주체인 진정한 공주는 증량增量적 사고를 한다. 그들은 기존의 인지를 확장하는 데 중점을 두며, 인지를 확장하기 위한 방법을 궁리함으로써 꾸준히 인지의 폭을 넓혀나간다. 이는 변화를 포용하고 변화에 순응하는 개방적이고 발전적인 사고방식으로, 보통 부자들의 사고방식 유형에 속한다. 그렇다면 당신의 사고방식은 어느 쪽에 가까운가?

과연 당신은 미래에 진정한 공주가 될 수 있을 것 같은가? 만약 될 수 있다고 여긴다면 축하받아 마땅하고 자부심을 가져도 된다. 설령 될 수 없을 것 같아도 절대로 상처받을 필요는 없다. 왜냐하면 공주보다 여왕이 되어야만 오래오래 훌륭한 인물로 살아갈 수 있기 때문이다. 다시 말해 여자는 오로지 스스로의 힘으로 운명을 개척해나갈 때 멋진 인생을 펼칠 수 있다.

# 피할 수 없는 뷰카VUCA 시대 : 불안을 편안하게 받아들이기

인생이 가치 있는 이유는 변화무상한 시간을 무수히 이겨냈기 때문이며, 인생의 의미는 편안하고 확실한 삶이 아닌 불안하고 불확실한 삶을 보낸 뒤에야 깊어진다.

어릴 때 아주 사소한 일로 엄마와 다툰 적이 있다. 그날 밤, 나는 딸을 이해하지 못하는 엄마 때문에 내내 울었고 남에게 이해받지 못하는 아픔을 처음으로 맛봤다. 그러면서 진지하게 생각했다. '앞으로도 이해받지 못할 일이 많겠지?'

이 같은 문제는 영화 〈레옹Leon〉에서도 다루었다. 배우 나탈리 포트만Natalie Portman이 연기한 마틸다Mathilda는 가족이 처참하게 살해되어 사랑하는 사람을 모두 잃고 나서 퍽 조숙한 표정으로 담담하게 묻는다. "인생은 항상 이렇게 힘든가요? 아니면 어릴 때만 힘들어요?" 장 르노Jean Reno가 연기한 킬러 레옹은 마틸다의 눈을 바라보며 "늘 힘들지." 하고 대답한다.

자라서는 나도 보통 사람들처럼 대학 입시라는 외나무다리를 건넜고, 대학 시절에는 첫사랑도 하고 실연도 겪었다. 그리고 집 구입, 결혼, 출산, 육아에 따른 고통도 모두 어깨에 짊어졌다. 그러고 나니 평범하게 사는 게 참 쉽지 않다는 생각이 들었다. 고통은 마치 때려잡아야 하는 게임 속 괴물처럼 인생의 고개마다 진을 치고 나를 기다리고 있었다. 한때는 사회나 가정에서 성공한 여성들이 참 부러웠다. 하지만 많은 경험을 하고 난 뒤에야 비로소 누구나 똑같이 고통을 겪는다는 사실을 깨달았다. 다른 점이 있다면 사람마다 고통을 대하는 방식이 제각각이라는 것뿐이다.

작년에 중국 부동산 업계의 떠오르는 샛별과 인터뷰했다. 호텔업 쪽에서 그녀는 신화처럼 거명되었고 나는 그녀를 루나Luna라고 불렀다.

정례 인터뷰 사전 준비를 하면서 루나의 이력—영국 유학, 창장비즈니스스쿨長江商學院 졸업, 회사 설립 후 브랜드 상장 등—을 정리해 보았다. 나는 무척 흥미롭게 첫 질문을 던졌다.

"영국 생활은 만족하셨어요? 영국에서의 경험이 여러 부티크 호텔을 오픈하는 데 영향을 주었나요?"

잠시 침묵이 흐른 뒤에 그녀가 대답했다.

"그때 전 버림받아서 외국으로 떠났던 거예요."

루나는 원래 남편을 도와서 가족 사업인 호텔 경영을 십 년이나 맡아보았고, 외아들인 남편은 부모님 그늘에서 꽤 편한 세월을 보냈다. 그런데 마흔 몇 살쯤 되었을 때 남편이 다른 여자가 생겼다고 고백하며 그녀에게 모든 것을 내려놓고 관계를 끝낼 것을 정중하게 부탁했다. 그녀는 아이의 양육권도 빼앗겼다. 그 대신 고액의 위자료를 받아들었지만 갈 곳이 없어서 어쩔 수 없이 영국으로 유학을 다녀왔고 비즈니스스쿨에서 공부도 했던 것이다.

루나가 공부를 마치고 호텔업에 몸을 담게 된 까닭은 그 업계에서 이미 십 년이나 굴렀기 때문이지 단순히 멋과 낭만을 좇아서 선택한 것만은 아니었다. 하지만 창업하는 과정에서 가슴이 철렁하고 넋이 나갈 정도로 우여곡절이 참 많았다. 첫 번째 호텔 사업은 임차인이 갑자기 변덕을 부리는 바람에 건물을 절반만 지은 상태에서 공사를 중단하여 아예 허사가 됐다. 또 훗날 회사를 상장하고 나서도 줄곧 긴장을 놓지 못했다. 부지도 마련하고 돈도 치렀는데 서류상 문제로 시공도 하지 못하고 몇 년씩 허송세월하는 경우가 많았기 때문이다.

"내가 쓸 수 있는 해결책은 가만히 기다리는 것밖에 없었어요. 어떤 일이든 결과를 내려고 더 이상 안달하지 않았죠. 사실 모든 일에는 결과가 없어요. 오직 과정만이 일의 본질을 말해줄 뿐이에요."

마흔 살이 훌쩍 넘어서야 세상에 완벽한 것은 없다는 사실을 깨달은 그녀는 모든 일을 처음부터 다시 시작해야만 했다. 나는 그녀에게 그런 현실을 받아들이기가 고통스럽진 않았는지 조심스럽게 물었다.

"당신도 겪어보면 알 거예요. 고통은 두렵지 않아요. 행복처럼 왔다가 또 그냥 가거든요."

주변을 유심히 살펴보면 복이 많은 여자는 당연히 있지만 평생 복이 넘치는 사람은 어디에도 없다. 만약 흠잡을 데 없이 행복해 보이는 사람이 있다면 아마 그 사람의 속사정을 잘 몰라서 그렇게 보일 것이다.

루나는 빼어난 미인인 데다가 섬세하면서도 복고적인 매력이 있다.

자신의 내면을 쉽게 드러내지 않는 성격인 그녀는 마흔이 넘었는데도 얼굴 생김새와 표정이 어린 소녀 같다. 걸음걸이도 가볍고 말투도 경쾌해서 남몰래 내쉬는 한숨도 당연히 무겁지 않을 것처럼 보인다. 나는 그녀의 아름다운 모습을 볼 때마다 《홍루몽紅樓夢》에 나오는 "넌 날 가엽게 여겨야 하고 난 널 가엽게 여겨야 하지.(의지할 곳 없는 외로운 한 여인이 호수에 비친 자신의 얼굴을 바라보며 혼자 넋두리하는 말−역주)"라는 구절이 떠오른다.

예전 같았으면 아름다운 그녀를 보며 다른 사람보다 훨씬 사랑도 많이 받고 운도 좋을 거라고 생각했을 것이다. 그러나 지금은 분명히 안다. 고통도 행운처럼 필연적인 이유 없이 어느 날 불쑥 찾아온다는 것을 말이다.

인생은 누구에게나 미완성된 조각 퍼즐과 같으며, 인생에서 행복하고 기쁨이 충만한 길만 걷는 사람은 없다. 중년이 되면 누구나 아픔을 겪지만 그 원인은 각자 다르다. 중년을 '위기'라고 일컫는 이유는 그 시기가 인생의 후반전이 시작되는 전환점이어서 과도기를 균형 있게 잘 넘기려면 에너지가 무척 많이 소모되기 때문이다.

어떤 이는 종종 내게 감정 코칭 같은 일을 해보는 게 어떠냐고 묻는다. 하지만 난 그 일이 진정성이 없는 직업이라고 생각한다. 사소한 고통은 말 몇 마디로 위안이 되지만, 극심한 고통은 그 원인이 분명히 따로 있고 다른 사람의 도움으로는 해소되지 않기 때문에 스스로 무작정 참고 견디는 수밖에 없다. 작가 류류六六는 고통으로 죽지만 않으면 반드시 다시 일어설 수 있다고 했다. 중국 문학의 대가인 무신木心도 위로는 쓸모없는 일이고, 고통을 견디는 동안 깊은 구렁텅이에 빠지지만 않는다면 고통 뒤에 희망이 찾아올 거라고 했다.

그렇다면 여성은 고통을 어떻게 마주해야 할까? 평범한 사람에게는 배신, 냉담, 가난이 무엇보다 심각한 고통이다. 그러나 높은 자리에 있는 사람이 겪는 고통은 평범한 사람으로서는 도저히 상상이 되지 않을 정도로 괴롭다.

미얀마의 딸 아웅 산 수 지Aung San Suu Kyi는 15년 동안 현모양처로 지내다가 중년에 접어든 뒤에는 롤러코스터 같은 삶을 살았다. 나라의 이상을 위해 연금 생활을 묵묵히 견뎌냈으며 남편의 임종도 보지 못한 채 홀로 외로이 22년을 버텼다. 그러나 그런 적막한 삶 속에서도 그녀는 우아함을 잃지 않았다. 사람들은 그녀가 갇힌 독방에서 새어 나오는 현악기 소리로 그녀의 생사를 확인했다. 고난의 세월을 지나 그녀가 다시 세상 사람들 앞에 나와 섰을 때, 나는 여전히 날씬하고 아름다운 그녀의 모습에 감동했다.

그래서 나는 설령 고통에 몸부림치는 날이 와도 남들에게는 나의 평온한 모습만 보여줄 것이다.

루나가 내게 알려주었다.

"남자는 대부분 한 번 큰 타격을 입으면 재기하지 못하지만 여자는 어마어마한 충격을 받고 산산조각이 나도 꾹 참고 오뚝이처럼 다시 일어나요. 남자에게는 영웅이 되거나 아무 의미 없는 존재가 되거나 단 두 가지 운명만 존재하거든요. 하지만 여자는 식물처럼 자연 속에서 생동감 있게 살아갈 수 있어요. 그렇게 모든 혼란을 겪고 나면 비로소 완벽해지죠."

여성의 독립성은 고통을 대하는 방법에서 가장 잘 드러난다. 난 훌륭한 여성은 절대로 기세등등하게 행동하지 않고, 자신이 모든 고통과 싸워서 이길 수 있다는 유치한 발상을 하지 않는다고 생각한다. 오히려 운명 앞에 무릎 꿇고, 차분하고 침착하게 자연을 믿고 본받아 배우고, 순리에 따르고, 티 나지 않게 훌륭한 일을 하며 자기만의 방식으로 담담히 세상과 마주할 것이다.

여자의 삶은 그렇게 해야 풍요로워지고 복이 깃든다. 인생은 소중하지만 짧기에 고통도 경험으로 여기며 다채롭고 생기 있게 살아가야 하는 것이다.

미국의 군사 용어 중에 'VUCA'라는 말이 있다. Volatility 변동성, Uncertainty 불확실성, Complexity 복잡성, Ambiguity 모호성의 약자를 딴 이 용어의 개념은 중국에서 이미 오천 년 전부터 존재했고, 중국인은 이를 '변화무상變化無常'이라고 일컬었다.

인생은 전쟁터처럼 변화무상하다. 우리는 사병이든 장군이든 그 전장에서 모두 어쩔 수 없이 변동성, 불확실성, 복잡성, 모호성을 경험한다. 이 네 가지가 모두 뒤섞인 변화무상한 상태를 영화감독 리안李安은 숙명이라고 했다. 변화무상 앞에서는 모든 사람이 평등하며, 따라서 제아무리 위대한 존재라도 결국엔 모두 평범해진다는 뜻이다.

인생의 도전, 고통, 즐거움은 모두 변화무상의 한 속성이다. 인생이 가치가 있는 이유는 변화무상한 시간을 무수히 이겨냈기 때문이며, 인생의 의미는 편안하고 확실한 삶이 아닌 불안하고 불확실한 삶을 보낸

**뒤에야 깊어진다.**

예술과 인생은 변화무상함과 질서 사이에서 균형을 잘 이루고 있기에 아름답다. 단, 우리가 변화무상함을 자연스럽게 마주하고 불안을 편안하게 받아들일 줄 알게 되면 아름다운 인생이 생동감 넘치는 인생으로 탈바꿈한다.

인터뷰를 끝낸 후 나는 루나를 위챗WeChat 친구 목록에 추가했다. 어느 날 그녀가 위챗 모멘트朋友圈(우리나라의 카카오스토리와 비슷한 기능을 하는 중국의 SNS – 역주)에 남긴 글을 보았다.

'꽃이 피면 사람들은 꽃을 아끼고 꽃이 지면 사람들은 꽃이 다시 피기를 기다린다. 꽃에게는 자유롭게 피고 지는 것이 복이겠지.'

사람도 꽃만 같다면 행복하지 않을까.

# 의미 없는 존재감 :
# 인생에 많은 사람을 끌어들이지 말자

소란한 영혼들은 결국 지나가는 나그네일 뿐이며 그들이 떠난 빈자리에는 쓸쓸함만 더욱 짙게 남는다. 인생에서 정말로 중요한 사람은 평생에 겨우 몇 명, 소수에 불과하다.

어제는 친구 산산姗姗이 내게 전화를 걸어서 물었다.

"요즘 잘 지내니?"

내가 농담처럼 대답했다.

"위챗 모멘트 보면 알잖아."

그녀가 웃으며 말했다.

"얼마 전에 폐쇄했어."

산산의 말에 나는 내심 놀랐다. 예전의 그녀는 '모멘트 친구 신청 마니아'라고 불릴 정도로 어떤 모임에서나 휴대폰을 꺼내 모멘트의 QR 코드를 열고 "자자, 내 코드 스캔해. 아니면 내가 네 코드를 스캔할까?"라고 말하며 적극적으로 나서던 친구였다.

어떻게 된 사연인지 물으니 그녀를 돌변하게 만든 작은 사건 한 가지를 말해주었다.

산산은 회사에서 마련한 친목 모임에 예전에 모멘트 친구로 추가했던 한 거물을 초대하려고 친절한 메시지와 함께 초대 자료를 발송했다. 그러고는 약 삼십 분쯤 지나서 모멘트를 다시 열어보았다. 답장이 없었다. 바빠서 아직 확인하지 못했겠거니 생각했다. 그로부터 반나절 동안 산산은 수시로 휴대폰을 꺼내 그 사람의 프로필 사진을 뚫어지게 보았다. 혹시나 불쑥 대화 요청이 들어올지도 모른다는 생각에서였다. 저녁이 되었는데도 답장이 없자 산산은 더 이상 기다리지 못하고 자신을 소개하는 메시지를 보냈다.

'안녕하세요, 저는 지난번에 비키Vicky 생일 파티에서 같이 술을 마셨던 산산이라고 해요……'

장황하게 자기소개를 적어 보냈지만 여전히 감감무소식이었다. 그렇게 삼십 분이 지난 뒤에 그녀는 또 이모티콘을 보내려고 모멘트를 열었는데 마침내 대화창에 반응이 왔다.

'당신은 대화 상대방과 친구가 아니므로 메시지를 전송할 수 없습니다.'

이 일을 계기로 산산은 꽤 많은 생각을 했다며 나에게 한 마디 했다.

"모멘트에 친구로 등록한 사이라고 해서 다 친구는 아닌 거야."

친구에는 두 종류가 있다. 하나는 모든 감정을 교류하고 이해관계가 전혀 없는 친구다. 이런 관계는 오랜 시간을 거치면서 단단히 형성되어 서로 말이 필요 없는 사이다. 또 하나는 사회적 자원을 교환하며 윈윈 하기를 원하는 대상으로, 흔히 말하는 인맥이다. 인맥은 상당한 실력을 갖추고 상대방의 가치관을 인정할 때 비로소 형성된다. 그러므로 산산은 메시지를 보내기 전에 자신이 그 거물을 친구로 초대할 만한 실력을 갖췄는지 반드시 점검해야 했다.

어쨌든 처음 만나서 QR코드를 한 번 스캔한다고 해서 진짜 친구 사이가 되는 건 아니다. 그리고 모멘트 친구가 너무 많으면 경우에 따라 진지하지 않은 가벼운 사람으로 보일 수도 있다.

많은 사람과 관계를 맺으려는 지나친 강박이 있으면 인간미가 없어지고 목적의식이 지나치게 뚜렷해지며 나아가 행동이 경박해진다. 그렇게 되면 옆에 남아 있는 사람의 수가 점점 줄어들어 꼭 필요한 사람마저도 도망가버린다.

사업을 꽤 크게 하는 나나娜娜는 세계를 누비며 다양한 부류의 사람을 만나고 교류하여 인맥이 상당히 넓다. 하루는 나나와 함께 애프터눈 티를 마시다가 호기심이 발동해서 말을 꺼냈다.

"네 친구 중에 그 배우 있잖아. 내가 정말 좋아하거든. 나중에 대신 인사 좀 전해줘."

나나는 무덤덤하게 대답했다.

"이제 친구 아니야. 연락 끊었어."

나는 깜짝 놀라서 되물었다.

"너네 6개월 전에 같이 여행도 가지 않았어?"

나나가 설명했다.

"다른 친구의 소개로 처음 알게 됐는데, 그 배우가 적극적으로 나오는 바람에 서로 연락을 주고받았고 나도 마음의 문을 열었지. 혼자 힘들게 사업하는 얘기도 하고 사업 때문에 놓친 것들도 털어놓으면서 기쁨도 아쉬움도 함께 나눴지. 그랬더니 그 배우도 날 이해한다고 하면서 개인적인 얘기를 나한테 하더라고."

나나는 나이가 찬 뒤에 사회에서 서로 솔직하게 대화할 수 있는 친구를 만난 게 행운이라고 생각한 적도 있었다. 그러나 호시절은 오래 가지 않는다는 말처럼 좋지 않은 일이 생기고 말았다. 어느 날 밤에 배우가 나나에게 전화를 걸어 화가 잔뜩 난 목소리로 물었다.

"내가 너한테 했던 얘기 말이야, 그거 대체 누구한테 말했니?"

상황을 알고 보니 배우가 과거에 사귀었던 남자와의 스캔들을 기자에게 들켰는데 예민해진 나머지 나나를 폭로자로 의심했던 거였다.

나나는 말문이 막혀서 휴대폰만 꽉 움켜쥐었다. 원래 말주변이 없는 나나는 상대방에게 호되게 질책만 당해서 무척 속이 상했지만 오해로 불거진 일이라고 생각하여 배우의 입장을 이해했다.

그로부터 한 달 뒤, 배우는 다른 사교 모임에서 나나를 은근히 헐뜯고 다녔다. 나나는 자신의 여러 개인적인 이야기가 일면식도 없는 사람들의 귀에 들어갔다고 생각하니 겁나고 무서웠다. 그래서 한동안 친한 옛 친구들도 피해 다니고 우정도 의심했다. 나나는 배우의 성 추문이 완전히 잠잠해질 때까지 꼬박 반년 동안 그렇게 애끓는 시간을 보냈다.

나나는 그 배우를 친구 목록에서 차단했다. 이는 그녀가 어른으로서 한 행동 중에 가장 독한 짓이었다. 그 때문에 나나는 몸과 마음이 모두 지쳐버렸다고 했다. 그녀가 말했다.

"그 친구를 차단하기로 마음먹은 순간에야 깨달았어. 어른들의 세상에서 한 사람을 새롭게 알아가려면 너무 많은 희생이 따른다는 걸 말이야. 내가 보인 진심이 어떤 위험으로 돌아올지 모르니 신뢰를 쌓기가 얼마나 어려운지 몰라. 또 사람을 잘못 만나면 치러야 할 대가가 너무 커."

세상에는 각 그룹에서 주목받는 핫 피플이 되어 주위의 환호를 받고 싶어 하는 부류가 있다. 그들에게 세상은 마치 영원히 끝나지 않을 파티 같다. 하지만 그들은 안다. 사람은 누구나 마음속에 많은 비밀과 여러 의도를 품고 있어서 상대방을 대할 때 정신을 바짝 차리지 않으면 안 된다는 것을 말이다. 더욱이 인간관계가 복잡해지면 그만큼 감당해야 할 잠재적인 상처가 늘어난다는 것도 안다. 겉으로 보이는 환호는 결국 그들을 지치게 만들 뿐이다.

그릇된 생각을 가진 사람을 가까이하면 아마 세상을 다 잃는 뼈아픈 대가를 치를지도 모른다.

모멘트 유저 중에는 이런 부류도 있다. 자기가 팔로우하는 모든 유저의 모멘트에 새 글이 업데이트될 때마다 댓글과 이모티콘을 달고 공감 표시를 하는 사람. 이를테면 이런 식이다.

'와, 저도 작년에 룩셈부르크에 가봤어요. 중앙역 면세점은 손목시계가 참 싸죠.', '어머, 헤어스타일이 달라졌네요. 완전 예뻐요.'

심지어 누구나 볼 수 있고 공유 횟수가 가장 많은 게시물에도 어김없이 그녀의 댓글이 있다.

'저랑 생각이 똑같은 걸 보니 우린 아주 귀한 인연인가 봐요.'

난 그런 사람을 보면 '저 사람은 시간이 남아돌아? 일은 안 해? 애정 결핍인가? 할 일이 그렇게 없나?' 하는 생각을 늘 한다.

시간은 누구에게나 유한해서 시간을 여러 용도로 두루 쓰면 한곳에 집중해서 쓸 시간이 모자란다.

가수 리젠李健은 현재 노키아Nokia 2G 휴대폰을 사용하고 있다. 그의 말로는 휴대폰으로는 통화만 하고 웨이보, 위챗 모멘트는 이용하지 않아서 오후에는 아내가 다실을 정리하는 모습을 보며 시간을 보낸다고 했다. 그가 빙긋이 웃으며 말했다.

"요즘 우리 부부 상태를 사자성어로 말하자면 '수수방관袖手傍觀'이에요."

그는 과수원에서 물을 주며 아내에게 또 말했다.

"당신과 함께하는 순간이야말로 의미 있는 시간이야. 당신이 없는 시간은 그저 시곗바늘이 가리키는 무의미한 숫자일 뿐이지."

배우 황레이黃磊는 촬영이 없을 때 아내와 두 딸과 함께 교외에 있는 별장에 간다. 주말에는 집도 가꾸고 빵도 굽고 마트에 가서 장도 본다. 겨울이 되면 딸을 데리고 오후 내내 눈사람이 서서히 녹는 광경을 지켜본다. 그럴 때면 딸이 묻는다.

"눈사람이 내년에도 길을 잃지 않고 우리 집에 찾아올까?"

황레이는 대답하지 않았다. 그러나 그 후에 그는 〈특별하지 않아도 돼, 평범한 게 좋아你們不用成爲少數, 平凡就好〉라는 글에서 그때의 감정을 드러냈다.

'그 순간을 떠올리면 아직도 가슴이 뭉클하고 더 좋은 사람이 되고

싫어진다.'

사람들은 친구를 사귀는 한 방법으로 SNS를 이용한다. 하지만 인생에서 SNS로 친구를 늘려야 할 만큼 그렇게 많은 사람이 정말로 필요할까?

자신의 존재감을 드러내기 위해서일까? 비틀스The Beatles의 리드 보컬 존 레넌John Lennon은 "팬이 아무리 많아도 밤에 내 침대 위로 다 불러들일 수 없다."라는 유명한 말을 남기기도 했다.

아니면 자기만족 때문일까? 가수 아쌍阿桑의 노랫말 중에는 '외로움은 한 사람의 환희, 환희는 많은 이의 외로움'이라는 구절도 있다.

많은 사람과 관계를 맺었는데 그 사람들과 마음을 나누지 못하면 그들은 인생에 방해만 된다. 그런 소란한 영혼들은 결국 지나가는 나그네일 뿐이며 그들이 떠난 빈자리에는 쓸쓸함만 더욱 짙게 남는다.

인생에서 정말로 중요한 사람은 평생에 겨우 몇 명, 소수에 불과하다. 정말로 중요한 사람들에게 더 많은 시간을 내어주어 마음을 다하고 세월에 아쉬움을 남기지 말자. 그들을 위해 시간을 쓰는 것이 곧 시간을 아끼는 일이자 가장 아름다운 사치다.

# 가치 인식의 차이 :
# 핫 피플이 될 필요는 없다

자신을 계발하지 않고 덮어놓고 사회 분위기에 영합하여 핫 피플로 살기만을 바라면 인생은
결국 한 편의 공포 영화로 끝나고 만다.

주말에 한동안 연락이 뜸했던 친구에게 메시지를 받았다. 친구가
근황을 묻기에 내가 대답했다.
"위챗 계정을 열심히 관리하고 있어."
그녀가 말했다.
"아, 글 같은 거 써서 올리는 일 아니야? 넌 글재주가 좋으니까 그
건 일도 아니겠네."
난 그게 다는 아니라고 설명했다.
"광고도 받고 좋은 아이템도 추천하고 홍보 중인 아이템이 정말로
추천할 만한 물건인지도 살펴봐야 해. 또 좋은 아이템은 품질도 따지
고 가격도 비교하고 직접 테스트도 해야 해서 퍽 복합적인 일이야."
친구가 되물었다.

"그러면 글을 쓰고 꾸준히 글쓰기 공부할 시간은 있어?"

내가 말했다.

"일주일에 적어도 책 세 권은 읽지. 미국 드라마를 보면서 요즘 가치관이나 새로운 추세 같은 것도 파악하고."

내 말이 끝나기가 무섭게 친구의 음성이 들렸다.

"어머, 얘, 넌 엄마잖아. 후루胡蘆도 아직 어린데 네 취미와 야망 때문에 아이한테 가장 중요한 성장기를 소홀히 하면 안 돼……."

난 더 이상 설명하고 싶지 않아서 가만히 휴대폰을 내려놓았다. 사람마다 가치관, 인생관, 세계관이 제각각이고 심리 상태도 다르다.

'당연하지. 매일 몇 시간씩 아이를 돌보고 있어. 그래서 항상 늦은 밤까지 정신없이 바빠. 멀리 봤을 때 아이한테 도움이 되려면 엄마도 시대를 따라서 자기 발전을 계속해야 해…….'

예전의 나였다면 아마 친구의 말을 받아서 이렇게 계속 대화를 이어 나갔을 것이다. 삶의 균형을 맞추려고 애쓰며 회사도 잘 다니고 농땡이 부리지도 않고 잘 살고 있다는 걸 직간접적으로 친구에게 충분히 설명할 수 있다. 하지만 꼭 그래야만 할까?

날 진심으로 이해하는 사람한테는 구구절절한 설명이 필요 없다. 외골수처럼 자기만의 논리로 날 이해하려는 사람한테는 아무리 내 상황을 설명한들 씨알도 먹히지 않는다.

나도 전에는 모멘트 마니아였다. 그때는 휴대폰에 사진 보정 애플리케이션을 대여섯 개나 깔아놓고 있었다. 여행지에 가면 늘 앵글이 좋은 사진을 건지려고 사진을 예쁘게 보정하고 위치도 표시하며 공을

들였다. 그 사이에 친구가 멀리 가버려도 혼자 꼼짝 않고 서서 한참이
나 꾸물거렸다.

또 모멘트에 게시물을 올릴 때는 한 글자, 한 구절을 신중하게 다듬
어서 올렸다. 뜻밖에 미흡한 부분이나 오탈자를 발견하면 곧장 삭제하
고 다시 게시했다.

솔직히 말하면 예전의 나는 남의 시선을 꽤 의식했고 남들에게 긍정
적인 평가를 받으려고 무척 신경 썼으며, 무시를 당하거나 조롱을 받
거나 뒤에서 험담을 들으면 마음이 몹시 상했다.

난 한때 그렇게 사람들한테 호감을 사고 싶었다.

이런 내 감정은 특히 영국 드라마 〈블랙 미러Black Mirror 시즌 3〉
첫 회의 내용과 상당히 비슷했다. 극 중 세상에서는 사람들끼리 서로
'점수를 매기는' 채점 시스템이 있어서 타인과 만나서 교류할 때마다
상대방에게 별점을 최소 한 개에서 최대 다섯 개까지 준다.

여주인공은 가장 예쁜 각도로 찍은 사진을 골라서 사람들에게 공개
하고, 맛없는 케이크라도 나중에 뱉어버릴지언정 맛있게 먹는 척하며
사진을 찍는다. 싫어하는 동료를 만나도 미소 띤 얼굴로 반갑게 맞으
며 대화를 시도한다. 이렇게 가면을 쓰는 이유는 높은 평점을 받기 위
해서다.

그녀에겐 꿈에 그리는 아파트가 있는데 그곳에 입주하려면 단시간
안에 평점 4.5점을 따야 한다. 평점이 높은 사람(상류 사회 인사)에게 별
을 다섯 개씩 받으면 평점을 금방 올릴 수 있어서 때마침 예정된 상류
층 친구의 결혼식에 참석하기로 결심한다. 그러나 결혼식에 가는 과정

에서 그녀는 운이 없게도 항공편이 취소되고, 자동차에 연료가 떨어지고, 차를 공짜로 얻어 타다가 상처를 받고, 급기야 평점이 낮다는 이유로 친구에게 결혼식 참석 불가 통보를 받는다. 그러는 사이에 평점은 '수직 낙하' 하듯이 아래로 곤두박질쳤다. 결국 답답해진 그녀는 극단적으로 행동하기 시작했다. 마음에 담아두었던 부정적인 에너지를 모두 쏟아내며 돌이킬 수 없는 지경으로 치달았다.

자신을 계발하지 않고 절박하게 미친 듯이 덮어놓고 사회 분위기에 영합하여 핫 피플로 살기만을 바라면 인생은 결국 한 편의 공포 영화로 끝나고 만다. 영합은 곧 자신을 왜곡하는 것이다. 영합하기 위해 가면을 쓰고 거짓 웃음을 짓는 삶이 오래되면 가식이 뼛속 깊이 스며들므로 훗날 가식에서 벗어나려고 할 때 막대한 대가를 치러야 한다.

내겐 누구나 인정할 만한 '엄친딸' 친구가 있다. 그녀는 웨이보 시대에 웨이보를 이용하지 않고 위챗 시대에 모멘트 메시지를 보내지 않는다. 그런 그녀를 친구들 모두가 잊고 지내던 어느 날, 나는 그녀를 우연히 다시 만나고 나서 새로운 사실을 알게 되었다. 그녀는 묵묵히 가족 사업을 일으켜서 신삼판新三板(중국의 중소기업이나 벤처 기업을 대상으로 하는 장외 거래 시장 – 역주)이 아닌 장내 거래를 하는 상장 회사로 키웠고, 결혼해서 아들과 딸을 한 명씩 낳았다고 했다. 그렇게 화목한 가정을 꾸린 그녀에게서 풍기는 행복감과 평안함은 겉으로 꾸며낼 수 없는 감정이다.

그녀가 말했다.

"일부러 신비주의 콘셉트를 유지한 건 아니었어. 정말로 친한 친구들과는 자주 만났으니까 그 친구들은 당연히 내 근황을 알지."

하기야 나도 가깝지 않은 친구에게 칭찬이나 비판을 듣고 싶지는 않다. 그녀가 덧붙였다.

"내 생활을 왜 남한테 보여줘야 해? 내가 어떻게 살고 있는지 스스로 알기만 하면 그만인걸."

작가 왕신王欣은 "행복한 사람은 입이 무겁다."라고 했다.

영합하지 않는 인생은 과연 어떤 삶일까? 온전히 자신에게만 집중할 수 있고 외부의 영향을 전혀 받지 않는 삶이다. 이는 마치 도시 한복판에서 도를 닦는 생활과 비슷하다. 그리고 영합하지 않는 사람은 세상을 모두 자기 것으로 여기고 바깥세상의 눈치를 보지 않는다.

나는 비공식적인 자리에서 여성 독자들이 털어놓는 불평을 자주 듣는다.

"내가 그 사람을 위해서 그렇게 많이 희생하고 모든 걸 바쳤는데, 그 사람은 시간이 갈수록 그런 일들을 당연하게 여기는 것 같아요."

나는 이런 문제들을 여러 번 접하고 나면 오히려 그 여성들에게 '착한 여자 콤플렉스'가 있는 게 아닐까 하는 생각이 든다. 남자의 무책임함을 원망하면서도 한편으로는 털끝만 한 흠이라도 잡힐까 봐 전전긍긍하고 결국 남자한테 무시를 당하는 것이다.

사람들은 무의식 속에서 남의 비위를 맞추면 그 사람에게 감사 인사를 들을 수 있고, 도덕적 희생을 감수하면 가정에서 자신의 입지가 분명해진다고 생각한다. 다시 말해 자신이 많이 희생할수록 상대방은 죄책감을 느껴야 하고, 자신의 가치가 높을수록 상대방에게 떳떳하게 보상을 요구할 수 있다고 여긴다.

그렇지만 애석하게도 내가 상대방의 비위를 맞춰준다고 해서 상대방도 꼭 나를 존중해주는 것은 아니다.

젊을 때는 보통 저자세를 취해야 상대방의 인정을 받을 수 있고, 거짓으로라도 찬양해야 무리에서 버림받지 않으며, 똘똘 뭉쳐야 외로워지지 않는다고 생각한다. 정말로 그럴까?

내가 관찰한 바로는 자신감이 넘치는 사람은 결코 비굴하거나 거만하지 않다. 침묵할지언정 거짓말하지 않는 사람은 하는 말마다 존중을 받는다. 자신과 무관한 사람을 인생에 끌어들이지 않는 사람은 교제 범위가 명확하고 사람을 깊게 사귄다. 교제 범위가 넓은 사람은 속마음을 터놓고 지내는 사람이 적다고 봐도 무방하다. 다른 사람의 환심을 얻었다고 해서 자신의 가치가 올라가는 것은 아니다.

인생은 더하기에서 시작해서 빼기로 가는 과정이다. 요즘 내 관심사는 딱 세 가지인데, 첫 번째는 건강이다. 건강은 즐겁게 살기 위해 가장 중요한 전제 조건이다. 몸이 아프면 고통은 오로지 내 몫이다. 아무도 내 고통을 대신 감당하지 못한다.

두 번째는 가족이다. 철학자 저우궈핑周国平은 "연인에게는 열정을 바치고 가족에게는 인생을 바친다."라고 했다. 다음 생에는 가족으로 다시 만날 인연이 없을지도 모르니 나는 이번 생에 가능한 한 가족에게 최선을 다하려고 한다.

마지막 세 번째는 나를 잘 아는 지인이다. 어른들 세상에서 진실, 사랑, 섹스를 접하는 건 아주 예사로운 일이지만 나를 잘 아는 벗을 만나는 것은 정말로 값진 일이다.

세상에 영합하지 않는 이유는 자신의 감정을 중요하게 여기고 자기가 원하는 것을 분명히 알기 때문이다. 또 자신을 진심으로 이해하기 시작하면 남의 환심을 구하지 않는다. 기억하자. 자신이 잘 살아가고 있는지는 오직 자기 마음만 분명히 알고 있다는 것을 말이다. 상대방이 비위를 맞춰주기를 바라는 사람은 진심으로 상대방을 사랑하지 않는 사람이다. 하나뿐인 마음을 너무 지치게 하지 말고 한 번뿐인 인생은 자신을 위해 살아가야 한다.

이 나이가 되고 보니 나는 이제 더 이상 누구와도 영합하고 싶지 않다.

# 2

## 행복 인지

### 탁월한 친밀감도 인지 능력이다

# 자극-가치-역할 단계를 거쳐야
# 제짝을 만난다

첫 만남에서 역할의 적합 여부를 따지거나 오랜 기간 동안 만난 뒤에도 최초의 자극에만 연연하면 제짝을 찾기 어렵다.

큰 키와 하얀 피부가 돋보이는 미녀 팡팡芳芳은 서른다섯이 넘은 나이에 집도 있고 차도 있는데 아직 미혼이다. 그녀는 날마다 나와 친구들에게 좋은 남자를 소개해 달라고 졸랐고, 우리도 맞선 시장에 나오는 '남자 매물'을 그녀에게 선보이려고 눈에 불을 켜고 찾아다녔다. 팡팡이 원하는 남성의 조건은 제법 구체적이었다. 나이는 마흔이 넘지 않고, 초혼에 집과 차가 있으며, 키는 180센티미터 이상, 이왕이면 이공계 직종에 종사하고 요리를 할 줄 아는 남자여야 했다. 어느 날, 우리는 펀드 매니저로 일하는 한 남자를 팡팡의 상대로 점찍었다. 팡팡이 제시한 조건에 부합하는지 깐깐하게 심사해서 통과된 남자였기에 흡족한 마음으로 소개했고 결혼까지 이어지기를 간절히 바랐다.

두 사람의 만남이 있었던 다음 날, 팡팡에게 남자가 마음에 드는지 물었다. 팡팡이 말했다.

"느낌이 나쁘진 않았어, 성격도 부드럽고……. 그런데 이번에도 아닌 거 같아."

난 화가 벌컥 났지만 억지로 감정을 다스리며 차분하게 물었다.

"왜?"

그녀가 대답했다.

"다리를 좀 떨더라고."

한 친구는 남자 친구와 4년이 넘도록 연애했는데 결혼식을 앞두고 준비하다가 끝내 헤어졌다. 친구들 사이에서는 결혼 준비 과정에서 사소한 의견 차이로 갈라섰을 거라고 추측했는데 과연 예상대로였다. 친구의 어머니는 노파심에서 딸에게 거듭 충고했다.

"너, 생각 잘해야 해. 결혼식이 전부는 아니야. 중요한 건 삶의 질이라고. 지금이 널 가장 사랑하는 순간인데도 까르띠에Cartier 다이아몬드 반지 하나도 못 사주고 여왕처럼 받들지도 않잖니. 평생 널 몸종으로 삼으려는 게 빤히 보여."

어머니의 말에 아무도 반박하지 못했다. 친구는 속이 상해서 엉엉 울었고 우리는 어찌할 바를 몰라서 서로 얼굴만 쳐다보았다.

인간은 세상을 알수록 자신도 잘 알게 되고 작은 것에도 의미를 두며 보다 정확하게 정의하려고 한다. 현대 사회에서는 물질적 풍요와 영혼의 안식 사이의 균형을 맞추기가 점점 어려워지고 감당해야 할 위험은 갈수록 늘어간다. 또 사회 참여로 의견이 다양화되고 선택의 폭이 넓어질수록 사람들은 무엇을 선택해야 할지 몰라서 도리어 난감해

한다. 그렇다면 현대인에게 사랑은 인생을 더욱 행복하게 하는 요소일까, 아니면 불행의 씨앗일까? 이 문제는 정말로 깊이 고민해봐야 한다.

비관적인 사람은 결혼의 의미가 이미 퇴색되어가고 있다고 본다. 꾸준히 치솟는 이혼율이 곧 현대 사회의 도덕성 훼손과 책임감 상실의 지표라고 판단하는 것이다. 반면 낙관적인 사람은 이와 상반된 견해를 제시한다. 이혼율이 상승하는 이유는 결혼의 의미가 개인의 삶을 더욱 존중하는 방향으로 발전하고 있기 때문이며, 옛날처럼 개인을 옭아매는 결혼은 비극이라고 주장한다.

어쨌든 현재 중국에서 결혼 문제는 전에 없이 주목을 받고 있는 큰 관심사다. 방송에서 예능 프로그램이 우후죽순처럼 쏟아지는 와중에도 장쑤위성TV江蘇衛視에서 방영하는 커플 매칭 프로그램의 시청률은 여전히 부동의 1위 자리를 유지하고 있으니 말이다. 또 요즘은 드라마의 주제도 고부 관계, 나이 차 많은 커플의 연애, 노처녀, 이혼 등이 핵심 키워드다. 법률 프로그램도 대부분 가정 문제 중재와 관련된 주제에 편향되어 있다.

현대인은 결혼에 뜨거운 관심을 보이며 기대도 크다. 그런 까닭에 결혼에 실패하면 과거 어느 때보다 더 극심한 좌절감을 느낀다.

언젠가 미국 결혼 제도 발전사에 관한 글을 읽었는데, 미국의 결혼 역사는 세 단계를 거쳐 발전해왔다. 미국 건국 당시부터 1850년 즈음까지 결혼은 '제도화' 단계에 있었다. 당시에는 개별 농가가 가장 일반적인 가정의 형태였고, 사람들이 결혼을 통해 주로 얻고자 한 것은 '먹을 것, 머물 곳, 폭력과 침해를 당하지 않는 삶'이었다. 1850년 이후에 남성의 경제 활동이 활발해지면서 사회적 분업이 확대되고 사회 기반과 조건이 충족되자 결혼은 '동반자와 함께하는 삶'의 형태로 발전했다. 1965년 무렵부터 지금에 이르기까지 결혼은 제도적 색채를 많이 벗었다. 다시 말해 결혼 생활에서 '탐색, 존중, 개인의 성장'을 더욱 중시하고 '자기표현'을 인정하는 추세로 변해가고 있다.

그래서 "결혼은 안 해도 되지만 너를 위해서 더 좋은 사람이 되고 싶어."라고 자기 생각을 분명히 밝혀놓고도 보통 사람들처럼 결혼의 길로 향한다. 물론 그럴 수 있다. 다만 문제는 '시작부터 완벽한 결혼'과 '다채롭고 복잡하지만 감동이 있는 인생을 찾아 기나긴 여정을 함께 걸어가는 결혼' 중에 어떤 길로 갈 것인가 하는 점이다.

2015년에 상영된 영화 〈비긴 어게인Begin Again〉의 여주인공 그레타Gretta는 록 스타를 꿈꾸는 남자 친구를 따라 무작정 뉴욕으로 갔다. 그곳에서 마침내 꿈을 이루었지만 결국 남자 친구에게 버림을 받는다. 사랑을 잃고 실의에 빠져 지내던 그레타는 우연히 한때 잘나가던 음반 프로듀서 댄Dan을 만나고, 댄은 그레타의 음악적 재능을 발견한다. 그렇게 두 사람은 인연이 되어 서로에게 뜻깊은 시간을 보냈다.

영화의 결말에서 그레타와 댄은 커플로 맺어지지 않았다. 댄은 아내를 떠나 있는 동안 결혼의 의미를 다시 돌아본 뒤에, 여러 해 전 아내의 외도 때문에 마음에 맺혔던 응어리를 풀었다. 나는 댄의 시각에서 그의 인생을 죽 돌아보았다. 나도 모르게 탄식이 절로 터져 나왔다.

결혼 생활에 이미 균열이 생겼는데도 그가 20년이 넘도록 꾹 참으며 버틴 이유는 뭘까? 어째서 눈앞의 유혹에 흔들리지 않았을까? 그는 부부 사이의 감정, 나아가 사랑의 진정한 의미를 알고 있었던 것이다. 다시 말해 '남녀 간의 사랑으로 시작한 관계가 동지애를 나누는 사이로 발전하는 것'이 결혼의 참모습임을 알았기 때문에 아내와 헤어지지 않았다.

사람들은 보통 엘리트 계층의 풍족한 경제력과 인맥을 겉으로만 보고 부러워한다. 하지만 그보다는 그들이 각자의 가정을 유지하기 위해 고수하는 특성, 즉 문제를 고민하고 개선하려는 의지, 끈기, 기다림의 지혜, 관용과 같은 덕목에 더욱 관심을 가져야 한다.

팡팡은 여전히 심심찮게 맞선을 보러 다니지만 아직도 성에 차는 남자를 만나지 못했다. 심지어 요즘은 남자랑 말을 섞고 싶은 생각도 사라졌다고 했다. 어느 날 그녀는 볼일이 있어서 외출했다가 별안간 내리는 빗속에서 공교롭게도 예전에 맞선을 봤던 남자를 다시 만났다.

그때의 상황을 설명한 팡팡의 말을 토씨까지 똑같이 옮기자면, 그 남자가 맞선 자리에 어떤 옷을 입고 나왔었는지도 까먹었는데 다시 만나서 심장이 뛰었을 리가 있겠느냐고 했다.

우연히 재회한 팡팡과 맞선남은 서로 약간 어색했지만 모른 척할 수는 없었다. 마침 날이 저물고 있던 터라 다른 곳으로 장소를 옮기지 않고 근처 길가에 있는 한국식 바비큐 식당으로 들어갔다. 두 사람은 식사하면서 이런저런 대화를 나누었다. 맞선남은 불쑥 그녀의 인상을 언급했다. 팡팡의 인상이 나쁘지는 않지만 잘난 척이 심할 것 같아 보여서 마음에 들지 않았다고 했다. 팡팡은 그 말을 듣는 순간 위축된 모습을 보이지 않으려고 첫 만남에서 더치페이하자고 제안한 남자는 처음이었다며 맞받아쳤다.

두 사람은 그렇게 서로 솔직한 감정을 털어놓고 나니 말문이 열려서 대화를 계속 이어갔다. 해외에서 유학한 경험도 나누고, 베이징의 미세 먼지 문제도 날카롭게 지적하고, 결혼을 재촉하는 부모님을 원망하기도 하며 식당 유리창에 김이 뽀얗게 서리도록 열띠게 이야기를 주고받았다. 그늘은 술을 크게 한 모금씩 마시는 척하며(사실은 조금씩 입술만 축였다) 각자의 성공과 실패를 터놓고 이야기했다.

팡팡은 그날 밤에 맞선남이 달리 보이기 시작했다고 했다. 또 평소 맞선을 대하는 자신의 마음가짐을 반성하며 상대방을 차츰 깊고 명확하게 이해하게 되었다고 고백했다.

버너드 머스타인Bernard Murstein이 제시한 '자극-가치-역할Stimulus -Value-Role 이론'에 따르면, 반려자를 선택할 때는 자극, 가치, 역할 세 가지 요소가 중요한데 이 요소들이 미치는 영향에 따라 남녀 관계가 발전한다고 한다.

남녀가 처음 만났을 때 서로를 끌어당기는 요소는 '자극'이다. 만남 초기에는 상대방의 나이, 성별, 외모, 매력 등에 자극을 받는다.

자극 단계에서 호감을 느끼면 '가치' 단계로 넘어가서 상대방의 생각이나 가치관이 자신과 비슷한지 따져본다. 이를테면 식습관, 영화 취향, 휴가를 보내는 방식이 잘 맞는지 살펴보고 좋아하는 브랜드가 같은지도 알아본다.

가치 탐색이 끝나면 '역할'의 적합 여부를 파악한다. 반려자가 되었을 때 부모의 역할이나 직업과 가정생활 등의 일상 속에서 감당할 다양한 역할이 자신이 바라는 모습과 일치하는지 확인하는 상당히 중요한 단계다.

반려자를 구하기가 쉽지 않다고 하는 사람은 대부분 이 세 가지 요소를 바탕으로 상대를 정확히 파악하지 못했거나 각 단계를 거꾸로 적용했다고 본다. 예컨대 첫 만남에서 역할의 적합 여부를 따지거나 오랜 기간 동안 만난 뒤에도 최초의 자극에만 연연하면 제짝을 찾기가 어렵다.

인생은 무척 짧다. 그런데 사람들은 30여 년을 헛되이 보낸 뒤에야 비로소 상대방에게 주는 기회가 곧 자신에게 주는 기회임을 깨닫는다. 지리멸렬한 세상에서 평온하게 살아가는 최선의 방법은 세상 만물을 너그럽고 여유롭게 대하는 것이다.

바라지도 말고 경계하지도 말고 본연의 감정에만 충실하자. 상대방에게 요구하는 조건이 너무 많은 사람은 막말로 꿈에서나 만날 수 있는 사람을 원한다고 봐야 한다.

신체적, 물질적, 외재적, 사회적 자극이 주는 쾌감을 맨몸으로 느낄 때보다 솔직한 마음을 주고받을 때 정신적인 만족감이 훨씬 높다. SNS에 다이아몬드 반지 사진을 업로드하고 공감을 표하는 엄지손가락 삼백 개를 받아본들, 깊은 밤에 악몽을 꾸다가 깼을 때 살포시 안아주는 두 손과는 비교가 되지 않는다. 결혼 생활에서 자기 내면의 감정을 마음껏 표현하고 더불어 상대방의 공감을 얻을 수 있다면 이미 가장 순수하고 풍요로운 삶을 살고 있는 것이다.

**남에게 무언가를 요구하기 전에 자기 자신도 갖출 건 갖추자. 상대**

방과의 교감에 성공하거나 실패하는 원인이 상대방에게만 있다고 생각하면 안 된다. 스스로 서로의 관계를 위해 시간과 에너지를 충분히 투입하고 인내심과 믿음을 아낌없이 보여야만 비로소 상대방과 교감할 수 있다.

세상에서 가면 안 되는 길은 없다. 나는 독자와 한순간이 아닌 평생을 함께하기 위해 지금껏 이 길을 걸어가고 있다. 그래서 처음부터 완벽하려고 애쓰지 않는다. 끝이 초라하지만 않으면 그게 바로 행복한 삶이다.

# 선의의 경제학 :
# 결혼 생활의 '엔트로피' 극복하기

어떤 사이든지 친할 때가 있으면 등을 돌릴 때도 있기 마련이다. 사이가 소원해질 즈음에 호의를 베풀면 관계가 네트로피(Netropy) 상태로 변하지만 악의로 대하면 엔트로피(Entropy) 상태가 심화되어 관계가 급속도로 악화된다.

언젠가 시닝西寧으로 출장을 가는 비행기 안에서 지아장커賈樟柯 감독의 영화 〈산하고인山河故人〉을 절반 정도 봤다. 그런데 출장 기간 내내 그 영화가 머릿속을 떠나지 않아서 베이징으로 돌아오는 비행기에서 못 본 뒷부분을 마저 봤다.

영화 평론가들은 대부분 이 영화를 중국 가정의 변화상과 시대에 관한 은유에 초점을 두고 보았지만 나는 소름끼치게도 화면에서 '결혼 생활에서는 악행을 저지르지 말아야 한다.'라는 메시지만 눈에 들어왔다.

산시山西성 펀양汾陽현에 사는 꽃다운 아가씨 타오濤는 배금주의拜金主義에 물든 장사꾼 진성晉生과 착실하고 평범한 리앙즈梁子와 삼각관계로 얽혀 있었다. 마지막에 타오의 선택을 받은 사람은 진성이었다. 진성이 타오에게 반려견 한 마리를 선물하자 그녀가 말했다.

"개는 보통 15년 산대."

진성은 의기양양하게 그녀를 바라보며 대꾸했다.

"2014년까지 사네. 그때는 우리도 마흔이야."

영화의 두 번째 에피소드는 시간을 훌쩍 뛰어넘어 2014년을 배경으로 펼쳐진다. 진성과 타오는 이혼하고 아이는 진성이 키우기로 한다. 리앙즈는 반평생을 광부로 살다가 폐암에 걸려서 초라한 모습으로 고향으로 돌아오지만 치료비가 없어서 어쩔 수 없이 타오에게 돈을 빌린다.

15년 동안 진성과 타오 사이에 무슨 일이 있었던 걸까. 영화에서는 이에 대해 자세히 설명하지 않았다. 감독은 40분 동안 젊은이의 삼각 관계에 얽힌 광기와 집착을 상세하게 서술하면서도 가슴을 졸이게 만드는 인생 일대사는 오히려 가볍게 묘사하는 데 그쳤다. 진성과 타오 사이에서 태어난 일곱 살 난 아들 달러Dollar의 사진첩 속에는 이미 상하이 투자업계의 주요 인물이 되어 상류 사회를 드나드는 진성의 모습이 담겨 있었다. 달러의 새어머니는 달러와 영상 통화를 하면서 "우린 널 호주에서 최고로 좋은 기숙학교에 보낼 거니까 넌 독립해야 해."라고 누누이 일렀다. 진성은 전처 타오를 성가셔 하고 무시했다. 타오의 아버지가 세상을 떠났을 때도 무관심했고 타오와는 겨우 메시지만 주고받았다.

모든 것을 걸었던 젊은 시절의 사랑도 진성의 진심이었고 조강지처와 헤어진 현재의 상황도 진성에게는 최선의 결정이었다. 감독은 이 같은 인생의 쓸쓸한 단면을 관객이 스스로 발견하여 느끼도록 연출했다.

타오는 재혼하지 않고 홀로 평온한 나날을 보냈다. 그녀의 인생에서 마지막까지 곁을 지킨 것은 뜻밖에도 진성이 선물했던 반려견이었다. 뼈에 사무치는 원망을 품고 고향을 떠났던 리앙즈는 반평생을 고생스럽게 일만 하다가 가진 것 없이 병든 몸뚱이로 고향으로 돌아왔다.

난 타오와 리앙즈가 인생 실패자라고 생각한다. 시장 경제라는 큰 파도가 거세게 출렁이던 시기에 야심에 불타올라서 젊고 아리따운 아내를 얻고 부를 이룬 진성이야말로 인생의 승리자다. 어려서부터 아버지를 따라 고도화된 물질과 문명을 누리며 아버지가 지어준 달러라는 이름으로 살았던 진성의 아들 또한 승자다.

세 번째 에피소드는 2025년 미래로 가서 인생의 후반부를 이야기한다. 진성은 경제적인 문제로 중국을 떠나 호주로 도망치듯 떠났다. 재혼한 아내와도 헤어지고 어린 아들을 먹여살리려고 백발이 성성해지도록 고되게 일만 했다. 아들은 영어를 유창하게 하며 어려움 없이 생활했지만 늘 마음을 잡지 못해 방황하고 매사에 흥미가 없었다.

실비아 창張艾嘉이 연기한 교사 미아가 수업 중에 달러에게 물었다.

"달러, 어머니 성함이 뭐지?"

달러가 대답했다.

"엄마는 없어요. 전 시험관 아기로 태어났어요."

달러는 자신의 어머니와 연배가 비슷한 미아를 사랑하게 되고 그녀와 첫날밤을 치른다. 그날 밤, 달러는 소리 없이 흐느껴 울며 미아에게 고백했다.

"일곱 살에 호주에 온 이후로 엄마를 본 적이 없어요. 지금은 엄마의 이름이 파도라는 뜻을 지닌 '타오'였다는 것만 기억나요."

그 장면을 본 순간, 나는 특별한 감회에 젖었다. 달러가 품에 안은 것이 미아인지, 아니면 수많은 밤 동안 꿈에서만 느꼈던 모성애를 향한 미칠 듯한 갈증과 그리움인지 알 수 없었다.

영어만 잘하는 달러는 아버지와 대화하려면 통역이 필요했다. 분노에 찬 달러는 아버지에게 고성을 질렀다.

"난 당신 아들이 아니에요. 당신 아들은 당신 사업이잖아요!"

스스로 성공한 인생을 살았다고 자부하던 진성이 아들의 말에 사무치게 놀라고 내심 처량한 감정을 느끼지는 않았을까? 결혼에 실패한 사람은 모두 패자다. 조금 일찍 실패하거나 조금 늦게 실패하거나 시기의 차이만 있을 뿐이다.

내 시각으로 볼 때 남편으로서 진성은 나쁜 남자다. 그가 나쁜 남자인 이유는 다른 여자에게 마음을 빼앗겨 본처를 버렸기 때문이 아니라 결혼 자체를 존중하는 마음이 없었기 때문이다. 그는 자신의 만족만 추구했을 뿐, 가정을 책임지지 않고 타인을 돌보지도 않았다.

진성은 진심으로 타오를 사랑했다. 타오가 아름답기도 했지만 그보다는 복잡한 세상에서 진성에게 위안이 되고 늘 새로운 감정을 선사한 타오의 순수함에 매료되었던 것이다. 하지만 진성에게 사랑은 오로지 자기만족의 수단에 불과했다. 사랑할 때는 자신의 모든 것을 바쳐야 한다는 사실도 몰랐고, 결혼사진을 찍는 날에도 진성은 내내 전화를 받는 데만 신경을 썼다.

"전화는 희소식뿐이군. 석탄이 한 근에 0.5위안으로 또 올랐어."

진성은 타오와 헤어지고 나서 그녀에게 일말의 인정도 베풀지 않았다. 타오의 아버지가 갑자기 죽음을 맞이했을 때도 진성은 문상을 가지 않았다. 아들도 항공사 서비스를 이용해서 비행기에 태워 보내기만 했다. 아들 달러도 타오의 집에서 새엄마와 다정하게 통화해도 타오의 입장을 생각해서 말리지 않고 오히려 타오를 없는 사람 취급했다.

결혼 생활에서는 가정 폭력이나 외도만 악행으로 보지 않는다. 가족 구성원에게 냉담하고 책임을 경시하고 자기만 잘났다고 우쭐거리는 것도 악행이라 하기에 충분하다.

상대방의 마음을 얻으려고 갖은 애를 다 썼던 사람이 막상 상대방의 마음을 얻고 나면 나 몰라라 하는 것이 바로 악행이다.

가족에게는 상처를 주면서 자신의 명예와 이득을 위해서라면 수단과 방법을 가리지 않는 뻔뻔한 짓이야말로 명백한 악행이다.

이런 악행이 언젠가는 자연스럽게 사라질까? 그렇지 않다.

만약 가정에 아이가 있다면 이런 악행은 아이의 소속감에 부정적인 영향을 미친다. 아이가 절망과 배신감을 느끼면 결국 부모와 자녀 관계에도 문제가 생기며, 가장은 한평생을 치열하게 살고도 늘그막에 마음을 기댈 곳조차 없게 된다. 설령 아이가 없는 가정이라고 해도 이런 악행을 저지르면 가장은 좌절하고 실패했을 때 신세를 한탄하며 회의감에 깊이 빠진다.

영화의 막바지에 접어들면 이국 타향에서 서서히 늙어가는 진성의 눈빛은 두려움과 불안함으로 가득 차 있다.

"나한테는 총이 많은데 총을 겨눌 주적이 없어."

주변에서 스스로 불행하다고 여기고 운명이 불공평하다며 투덜대는 사람을 많이 본다. 그런 사람들은 대개 자기 삶을 버림받은 인생이라고 생각한다. 그런데 나중에 보면 그렇게 신세가 불쌍한 사람은 언행에 못된 구석이 꼭 있다. 그들은 자신의 악행은 살피지 못하고 그저 불운하게 태어났다고 믿는 것이다.

친구 A는 남편이 바람나서 자신에게 소홀할까 봐 늘 노심초사했다. 자세한 사정을 물어보니 그녀는 한이 맺힌 표정으로 속을 털어놓았다. 남편의 무관심 때문에 상담 프로그램에 참여했다가 한 남자를 알게 되었고 그와 하룻밤 사랑을 나누었다고 했다. 그녀가 말했다.

"남편의 사랑이 부족해서 한눈을 팔았던 건 아니야!"

친구 B는 서른다섯 살이 되기 전에 이혼을 두 번이나 했다. 그는 나에게 여자의 현실, 불안감, 잔소리에 대해 불평을 늘어놓았다. 그리고 나서는 영혼의 단짝, 즉 소울 메이트를 만나기가 너무 어렵다고 한탄했다.

나는 이런 얘기를 들을 때마다 냉소를 짓게 된다. 마음이 아주 살짝 끌린 사람한테 장기간 침대 사용권에 도장을 꾹 찍어서 한 장 건네는 것을 과연 바람직한 결혼이라고 할 수 있을까?

성경 말씀에 따라 결혼을 약속과 신앙으로 간주한다면 결혼의 바탕 위에서 자아를 찾고 세상만사를 해결하는 방법도 터득할 수 있다.

결혼 생활에서 상대방의 입장을 고려하지 않고, 상대방의 선의를 외면하고, 마라톤을 하듯 상대방과 끝까지 함께할 결심 없이 매사를 자기중심적으로 처리한다면, 그 이기심은 나비 효과를 일으켜서 미래에 자신이 미처 생각지 못했던 부분에서 응분의 대가를 치르게 된다.

상대방의 감정을 알아차리지 못하고, 자신을 반성하지 않고, 상대방과 타협하지 않고, 자신을 희생하지 않고, 겸손하지 않은 것은 모두 결혼 생활에서 자행되는 악행이다.

질서가 흐트러지고 무질서와 혼돈이 가중되며 타성, 혼란, 불확실성, 멸망 상태가 점차 심화되는 것을 물리학에서는 '엔트로피Entropy'라고 한다. 가정이나 남녀 사이는 사실 작은 조직으로 볼 수 있으므로 이 '엔트로피' 개념을 가족 관계에 적용하면 악행과 선행이 친밀한 관계에 어떤 영향을 미치는지 쉽게 이해할 수 있다.

어떤 사이든지 친할 때가 있으면 등을 돌릴 때도 있기 마련이다. 상대방을 악의로 대하면 마치 암세포의 활동을 가속화하는 것처럼 엔트로피가 증가해서 인간관계가 급속도로 악화된다. 그러나 사이가 소원해질 때 선의로 대하면 인간관계는 '엔트로피'에 반대되는 '네트로피Netropy' 상태로 변한다.

결혼 생활에서 선의의 행동을 지속하면 나중에 어떤 보상이 돌아올까? 선의의 행동은 완벽한 결혼 생활을 보장하지도 않고 결혼 생활의 유일한 해법도 아니다.

영화의 마지막 부분에서 달러는 바다의 세찬 파도를 바라보며 고국으로 돌아가기로 결심한다. 그의 목에 이십 년째 걸려 있는 엄마 집의 열쇠로 열 수 있는 가족의 문이 고국에 있고 그곳은 그가 당연히 돌아가야 할 곳이기 때문이다. 그 시각, 멀리 산시에 있는 타오는 인자한 모습으로 주방에서 만두소를 다지다가 불현듯 자신을 부르는 아들의 희미한 목소리를 듣는다.

미아의 말이 맞았다. 시간이 세상의 모든 것을 파괴하지는 않는다.

사랑과 선善은 영원하므로 굳게 믿어야 한다. 그렇다면 결혼 생활에서 선은 과연 어떤 의미일까?

결혼 생활에서 행하는 선은 모든 일에 성심성의를 다하고 한 치의 아쉬움도 남기지 않으며 상대방에게 지분거리지 않는 것이다. 사랑하는 사람을 배신하지 않고, 삶 속에서 자신을 부드러우면서도 강하게 단련하면 마침내 마음의 평온이 찾아온다.

# 효율적인 삶 :
## 바람직한 결혼은 공동 이익을 극대화하기 위해 평생 노력하는 것

결혼 생활이 공평하다고 여긴다면 그 이유는 받아들일 수 있는 것을 선택하고 선택한 것을 받아들였기 때문일 것이다.

내 친구 메이메이美美는 돈을 버는 재주가 탁월하다. 몇 년 전에 웨딩 시장의 틈새를 노리고 재산을 탈탈 털어서 사업을 시작한 덕분에 지금은 연봉 20만 위안을 받던 평범한 화이트칼라 직장인에서 연 수익 몇 백만 위안을 벌어들이는 젊은 사장으로 대변신했다.

하루는 함께 애프터눈 티를 마시기로 약속했는데, 그녀가 곧장 자기 집으로 오라고 했다. 그녀는 근교에 위치한 별장에서 머물고 있어서 난 잠시 별장에서의 우리 모습을 상상해보았다. 화장을 곱게 하고 예쁘게 차려입은 그녀와 베이 윈도에 앉아서 삼단 애프터눈 티 세트를 앞에 두고 가십, 인기 스타, 신상품 옷에 관한 수다를 떠는 장면을 그렸다.

그러나 내가 실제로 마주한 장면은 상상과는 전혀 딴판이었다. 애프터눈 티 세트도 있고 베이 윈도도 있었지만 그녀는 감기에 걸린 아들을 돌보느라 여념이 없었다. 아들의 식사를 준비하고 약을 챙겨 먹이고 재우기에 바빴다. 아들이 잠들자 그녀는 컴퓨터를 켜서 다음 날 있을 중요한 예식 준비 상황을 서둘러 확인하고 일천 자 분량의 간단한 보고서를 재빨리 작성한 뒤에 화상 미팅도 진행했다.

그렇게 일을 마친 후 베이 윈도에 앉아서 몇 마디 채 나누지도 못했는데 아이가 잠에서 깼다. 메이메이는 시간을 몇 번이나 확인하더니 대뜸 나에게 미안하다고 사과했다. 아들과 함께 유치원으로 딸을 데리러 가야 한다는 거였다.

내가 깜짝 놀라며 "너 참 힘들겠다."라고 말했더니 그녀가 웃으며 "응, 이게 내 일상이야."라고 대답했다. 내가 조심스럽게 물었다.

"남편이 안 도와줘?"

"그 사람은 근무 시간이 오전 아홉 시부터 오후 다섯 시까지인데 업무 특성상 야근이 잦아. 내가 회사를 차리고 나서는 시간이 좀 자유로운 편이어서 어쩔 수 없이 집안일은 내가 더 많이 챙기고 있어."

나는 심정이 복잡해졌다. 돈도 벌고 집안일도 해야 하는데 남편은 자기 일에만 신경을 쓰니 결혼 생활이 참 녹록지 않겠다 싶었다.

메이메이가 미소를 지으며 내게 되물었다.

"너 지금 너무 불공평하다고 말하고 싶지? 작가인 네 눈에는 내가 전형적인 중국식 관념에 따라 '남자는 바깥일에만 전념하고 집안일은 돌보지 않아도 된다'고 생각하며 사는 걸로 보이니?"

나는 그녀의 뜻밖의 말에 잠시 말문이 막혔다.

우리가 계획했던 '애프터눈 티' 수다는 두 아이가 차에서 잠든 뒤에야 겨우 할 수 있었다. 차 밖에서는 차들이 꼬리에 꼬리를 물며 지나가고 차 안에서는 빛과 그림자가 어지럽게 공존하는 상황에서 그녀가 나지막한 목소리로 이야기를 시작했다.

"난 무척 나약한 사람이라서 회사를 처음 열었을 때는 '네 꿈을 펼쳐봐.'라고 격려하던 남편의 한 마디가 큰 도움이 됐어. 다니던 회사를 그만두었을 때는 남편이 '아이가 있어도 안정된 삶만 고집할 필요는 없어.'라며 가족을 책임졌지. 또 창업 초기에는 큰 계약 건이 깨지는 바람에 어마어마한 돈을 배상해야 했는데 남편이 돈을 빌려 와서 '하늘이 무너져도 네 옆에는 내가 있어……'라며 힘을 보태더라. 남편의 응원이 없었다면 지금처럼 회사를 운영하지도 못했을 거야."

메이메이는 남들은 자기가 일군 성과만 보지만 사실 그건 빙산의 일각이라고 했다. 그녀가 회사의 기반을 탄탄히 다지고 행복감을 느낄 수 있었던 건 모두 남편의 이해와 관용과 사랑이 있었기에 가능한 일이었다. 그녀는 결혼 생활에서 사랑하고 사랑받길 원한다면 서로에게 시간과 에너지를 투자해야 하며 그것이 곧 공평한 결혼이라고 했다.

나는 메이메이의 이야기에 무척 감동했다. 결혼 생활을 오래 지속하면 언젠가는 반드시 쌍방 모두 자신이 가장 원하는 것을 얻을 수 있고 서로 공평한 관계가 된다는 걸 그녀에게 배웠다. 다만 이 공평함은 당사자가 아닌 다른 사람의 눈에는 보이지 않을 뿐이다. 그런 의미에서 볼 때 세상에 공평하지 않은 결혼은 없다.

예전에 어느 TV 프로그램에서 한 전업주부가 나와서 울며 하소연하는 모습을 보았다. 그녀는 가정을 위해 기꺼이 헌신하고 많은 것을 희생했는데 자신이 그렇게 가정을 돌보는 사이에 남편은 바람이 나버렸다고 했다.

프로그램 진행자가 물었다.

"남편한테 왜 그랬느냐고 물어보셨어요? 두 분 사이가 좋아질 여지는 있나요?"

그녀는 이를 부득부득 갈며 말했다.

"이미 엎질러진 물인데 갈기갈기 찢어 죽여야 마땅하죠! 이제 와서 돌이킬 수 있겠어요? 난 청춘을 다 바치고 내 모든 걸 희생했어요. 그런데 마지막에 행복을 누려야 할 사람은 왜 제가 아닌 거죠? 불공평해요, 정말 불공평하다고요!"

진행자가 다시 물었다.

"그럼 이혼하고 싶으세요? 남편한테 양육비를 부담하라고 하고요?"

그녀는 갑자기 울음을 터트렸다.

"청춘은 돈으로 살 수 없잖아요. 너무 불공평해요!"

공평성을 막무가내로 강조하는 사람은 사실상 자신의 희생을 강조하고 있는 것이다.

자신이 치른 희생만 강조하면 상대방의 희생을 이성적으로 바라보지 못하고 문제를 효율적으로 해결하는 방법 또한 이성적으로 찾기 어렵다. 자기 마음을 제어하지 못하고, 상대방과의 공통점을 찾고 차이점을 인정하려는 시도도 하지 않은 채 자잘한 일만 시시콜콜하게 따지게 된다.

공평성이란 무엇일까? 검색 엔진 바이두百度에서는 공평성의 의미를 '모든 사회 참여자의 몰입, 획득 등을 포함한 각 속성의 평균'이라고 해석하고 있다. 이는 단연 이성적인 개념이다.

결혼이 희생하는 것과 얻는 것이 대등한 계약이라고 가정하고, 이 사례를 냉정한 시각으로 판단해보자. 이 전업주부는 현재 물질적으로 보장을 받고 있어서 남편의 외도에 불만은 많지만 결혼 계약을 끝내고 싶은 마음은 없다. 그렇다면 결혼 생활을 가장 공평하게 하는 방법은 계약의 부가 조건을 수용하는 것이다. 즉 물질도 더 필요하고 남편의 사랑도 잃을 수 없다면 그 사랑을 다른 여자와 나눠 갖는 불완전한 상황을 인정하면 된다.

공평성만 줄기차게 강조하면 결혼 생활은 부부간의 적나라한 경쟁 무대가 되어서 둘 중 강자는 규칙을 정하고 약자는 입을 다물게 되는 상황이 벌어진다. 하지만 결혼 생활이 그렇게 이성적으로 제어될까? 결혼 생활은 원래 이성보다 감성에 훨씬 많이 좌우되는 일이다.

결혼은 공평성을 논할 일이 아니라 사랑을 논하고 타협과 융화를 중시해야 하는 일이다.

사람들은 결혼 생활에서 자질구레한 일에 신경을 많이 쓰느라 결혼의 본질을 잊고 산다. 눈을 감고 있어도 신뢰할 수 있는 사람, 편히 휴식할 수 있는 집, 지치고 실망스러운 인생에서 기댈 수 있는 마지막 보루인 가정의 소중함을 잊은 것이다.

그래서 메이메이가 한 말이 다 옳다. 남들이야 일반적인 기준으로 결혼을 왈가왈부할 수 있지만 부부끼리 공평성을 따지고 희생을 계량

화하며 보답을 바라는 것은 한없이 어리석은 짓이다.

공평성을 주장하다가 결혼이 깨진 사람들을 많이 봤다.

제潔는 시부모와 함께 살고 직업이 안정적이어서 아이를 돌보는 시간이 많은 편이다. 스스로 가정을 위해 많이 희생한다고 여기기 때문에 당연히 일종의 도덕적 우월감도 느끼고 남편이 자신에게 그에 응당한 보상을 해야 공평하다고 여긴다.

남편이 처음으로 중요한 보직을 맡아 승진하게 되었을 때 그녀는 기를 쓰고 승진을 반대했다. 남편이 승진해서 주말에도 당직 근무를 나가면 자기 혼자 아이를 조기 교육 클래스에 데려다 주어야 해서 불공평하다는 게 반대의 이유였다. 남편이 그 이후에 또 중요한 보직을 담당하게 되었을 때는 남편을 말리지 않았더니 정말로 일이 많아서 전보다 훨씬 바빠졌다. 그래서 화가 난 그녀는 남편에게 사사건건 트집을 잡고 남편의 심기를 건드리며 심리적인 보상을 받으려고 했다. 남편이 늦게 귀가하면 보란 듯이 싫은 내색을 했고, 남편이 어렵사리 휴가를 내서 가족끼리 동물원에 가자고 하면 자신은 평소에 바쁘고 힘드니까 남편 혼자서 아이를 데리고 다녀오라고 하곤 했다. 또 시부모님에게도 툭하면 불평을 늘어놓았다. 한 마디로 세상 모든 게 불만이었다.

그녀가 친구들 앞에서 가장 많이 하는 말이 "대체 어쩌라는 건데? 완전 불공평해."였다.

2년 뒤, 제는 남편과 이혼했다. 불만과 원망으로 점철된 결혼 생활이 사람을 지치게 만든 것이다.

4년 뒤에 제의 남편은 지역 사회에서 중요한 위치에 올랐고 아주 큰

집을 분양받았다. 그는 의리도 있고 정도 있는 사람이어서 그 집을 제와 아이가 살도록 내주었다.

"우리는 이제 부부 사이는 아니지만 아이가 있으니까 여전히 가족이야."

제는 그 집에서 살았지만 안타깝게도 세 식구가 함께 살 때처럼 행복하지 않았다. 만약 제에게 멀리 내다볼 수 있는 눈이 있어서, 남편이 가족의 행복한 미래를 위해 고생을 마다지 않는 가정적인 남자임을 미리 알아보았다면 그녀의 결혼 생활은 쭉 공평했을까?

나는 평소에 결혼은 파트너십 계약을 맺은 사업이고 바람직한 결혼은 우수 브랜드라고 생각했다. 결혼으로 가정을 이룬 사람은 숱하지만 바람직한 결혼 생활을 영위하는 사람은 흔치 않다. 왜 그럴까? 혹독한 시련의 과정을 거치며 아량, 인내심, 식견이 더욱 성숙해져야 바람직한 결혼 생활을 영위할 수 있기 때문이다. 하지만 이보다는 일시적인 득실에 연연하지 않고 장기적인 안목으로 멀리 내다보며 마지막에 얻게 될 이익에 초점을 두는 자세가 가장 중요하다.

제에게 이런 질문을 던져보았다.

"남편한테 처음 승진 기회가 왔을 때 남편이 네 뜻에 따라 기회를 포기했던 게 가정을 위해 자신을 희생한 일이라는 생각은 안 해봤어? 네가 공평성만 주야장천 읊어대니 남편이 정말로 불공평하다고 여겨서 결혼 생활이 부담스럽고 도망가고 싶었던 건 아닐까? 그래도 남편은 결국 가족 공동의 이익을 극대화하는 방향으로 마음을 정했지."

결혼 생활에서 공평성을 강조하는 것은 결과적으로 배우자에게 자신의 입장을 고려해 달라는 행위다. 그러나 진정으로 사랑한다면 자신보다 상대방의 입장을 더 많이 고려해야 한다. 바람직한 결혼은 배우자가 '당신이 있어서 인생이 더욱 아름다워요. 당신이 없으면 인생의 많은 가능성을 잃게 될 거예요.' 하고 느끼게 하는 것이다.

공평성을 지나치게 따지지 말고 서로에게 어떻게 보탬이 될지 궁리하자. 만약 상대방이 선한 사람이라면 당신이 도움을 주었을 때 언젠가 당신이 생각지도 못한 방법으로 크게 보답할 것이다.

미국의 인류학자 마거릿 미드Margaret Mead는 이런 말을 남겼다.

"한 사회에서 연령, 계층, 성별이 각각 다른 무리가 존속하게 하려면 각기 다른 인격 기준을 마련하여 개인이 사회 체계 안에서 각자에게 주어진 역할을 수행하도록 해야 한다. 사회가 독단적으로 개인의 특정한 계층, 성별, 피부색은 물론이고 출생 날짜까지 고려해서 각 개인이 입어야 할 옷, 따라야 할 행동 규범, 취해야 할 반응 양식을 정해주는 것이다."

이렇게 한다면 개인의 잠재적인 재능은 충분히 발휘하지 못하겠지만 오히려 다양한 문화가 형성될 가능성이 생긴다. 그러나 그렇게 문화가 다양화되는 과정에서 남녀 간 성 역할이 동등해지면 아마 문화의 복잡성도 이내 소멸될 것이고 결과적으로 문명이 쇠퇴한다.

전 세계에서 대규모로 일어난 '남녀평등' 운동의 성과는 남녀평등이 일종의 권리로 널리 인식되었다는 점이다. 다시 말해 남녀평등 운동은 여성에게 인간은 누구나 공평하고 평등해야 한다는 인식을 심어준 계기가 되었다. 그러나 남녀 본연의 차이를 무시하고 결과적인 평등에만 집착하면 도리어 불평등이 초래되어 약자가 강자를 쥐고 흔드는 황당하고 우스꽝스러운 상황이 벌어진다. 결혼 생활에서 쌍방이 각자의 천성에 따라 잘하는 일을 분담하지 않아서 무질서하고 비효율적이며 엉망이 된 가정이 실제로 많다. 그래서 결과적으로 애써 바라던 평등은 실현하지 못하는 것이다.

그렇다면 결혼 생활에서 쌍방이 공평하고 평등하려면 어떻게 해야 할까?

답은 간단하다. 실제로 그럴 수가 없다. 바람직한 결혼 생활은 개인의 목표를 극대화하려고 노력하지 않는 것이다. 공동의 이익을 극대화하기 위해 평생 노력하는 삶이 바로 바람직한 결혼 생활이다. 만약 결혼 생활이 공평하다고 여긴다면 그 이유는 받아들일 수 있는 것을 선택하고 선택한 것을 받아들였기 때문일 것이다.

결혼 생활에서 결과적인 평등은 없다. 쌍방이 공평하게 권리를 나누어 갖는 것이 곧 평등한 결혼 생활이며, 결혼의 진정한 의미도 바로 거기에 있다.

# 취약점 극복하기 :
# 결혼은 불확실한 상태에서 안정된
# 상태로 발전해가는 것

결혼 생활에서는 뜻대로 되지 않는 일이 당연히 많지만 가벼운 상처가 났을 때처럼 '경미한 좌절-회복-다시 좌절'을 반복하는 과정을 거치면서 인격이 차츰 성숙해진다.

친구의 남편이 승진을 했다. 그런데 정작 친구는 영 시무룩해 보였다. 하루 날을 잡아서 친구와 간단히 술을 한잔 마시는 중에 친구가 느닷없이 눈물을 뚝뚝 흘렸다. 무슨 영문인지 자세히 물었더니 친구는 남편이 막 승진해서 일이 바빠진 와중에 자신의 회사가 인력 감원을 앞두고 있어서 어쩌면 집안일을 혼자 도맡아야 할지도 모른다고 했다.

내가 물었다.

"그래서 네가 너무 힘들까 봐 걱정하는 거야?"

그녀가 대답했다.

"아니, 두려워서 그래. 남편은 사회에서 승승장구하는데 내 모습은 점점 초라해지니까 불안해."

현대 사회에서 결혼은 힘겨루기를 하듯이 부부가 서로 경쟁하는 관계로 점점 변해가고 있다. 누구 하나 최선을 다하지 않는 사람이 없고 스스로 긴장을 놓지 않으려고 안간힘을 쓴다. 또 순간의 실수로 유혹에 넘어가 모든 것을 잃게 될까 봐 두려워한다.

중산층 사람들 대부분은 부부가 서로 힘이 엇비슷하고 동적 균형을 이루어야 가정이 행복하다고 여긴다. 그러나 남편을 만난 지 8년째이고 결혼 생활 6년 차인 나로서는 전혀 동의할 수 없는 생각이다.

영화 〈미스터 앤 미세스 스미스Mr. and Mrs. Smith〉에서 스미스 부부는 두 사람 모두 일급 스파이여서 부부지만 자신을 감추고 서로 경계했다. 그러던 어느 날 부부는 배우자를 암살하라는 명령을 각각 받는다. 그때부터 두 사람은 모든 면에서 서로 경쟁하기 시작했고 이 경쟁 때문에 고통을 겪었으며 급기야 둘 다 희생될 처지에 이른다.

스미스 부부는 지난날의 행복했던 가정이 폐허처럼 와르르 무너진 현재의 상황에 분노하고 실망하면서도 한편으로는 결혼의 의미가 무엇인지 상대방에게 묻는다. 서로 쫓고 쫓기던 두 사람은 결국 서로의 이마에 총구를 겨누게 되는데, 이때 눈물을 흘리며 마음 깊이 숨겨두었던 비밀을 털어놓는다. 그러고는 상대방을 죽여야 하는 시점에 부부는 갑자기 총을 내려놓고 서로를 부둥켜안으며 미친 듯이 사랑을 나눈다.

이 영화를 보면 결혼의 의미를 되새기게 된다. 결혼은 강자 두 명이 만나서 더욱 강해지는 것이 아니다. 강자가 자신의 약점을 상대에게 거리낌 없이 보여줄 수 있을 때 진정 의미 있는 결혼이라고 할 수 있다.

가정은 경쟁의 장이 아니다. 경쟁과는 거리가 먼, 우리가 만신창이가 되었을 때 안심하고 돌아가서 치료하고 쉴 수 있는 곳이 바로 가정이다. 가정에서 우리는 포악한 보스나 말단 직원으로 불리지 않아도 되고, 거짓 표정을 짓지 않아도 되며, 몸에 붙은 사회적인 꼬리표도 뗄 수 있다. 그저 남편, 아내, 아빠, 엄마, 자녀로만 존재한다.

만약 결혼 생활이 강자와 약자의 동적 균형을 이루는 데만 집중하는 다분히 이성적인 삶이라면, 첸중수錢鍾書(중국을 대표하는 문학가 - 역주)가 하방下放(정부가 지식인이나 기관의 간부를 농촌으로 보내 노동에 종사하게 한 조치 - 역주) 되었을 때 아내 양장楊絳(중국을 대표하는 작가이자 번역가 - 역주)은 냉큼 남편을 버리고 출신 성분이 다른 사람을 찾아야 했고, 덩샤오핑鄧小平이 부침을 겪을 때 아내 줘린卓琳은 그의 곁을 떠나야 했을 것이다. 또 영화배우 량자후이梁家輝는 아내 장자녠江嘉年이 병에 걸리고 흰머리가 나고 몸이 망가져도 삼십 년을 하루같이 아내의 곁을 지킬 필요도 없었을 것이다.

행복한 결혼의 본질은 동적 균형을 유지하는 것도 아니고 그렇게 이성적이고 정확하고 냉정한 것도 아니다.

'사랑은 다툰 뒤에 문을 박차고 나갔다가 돌아올 때 먹을 것을 사다 주는 것이다.'라는 아주 따뜻한 말도 언젠가 들은 기억이 난다.

나와 남편은 둘 다 개성이 꽤 강한 편이어서 연애 기간은 물론이고 결혼한 지금까지도 티격태격하며 서로에게 맞춰가고 있다. 그러나 우리는 싸울 때마다 항상 그날그날 마무리를 짓고 다음 날까지 아웅다웅하지 않는다. 다행히도 남편이 기를 한풀 꺾고 나를 달래주는 덕분이다. 한번은 내가 몹시 궁금해서 물었다.

"참, 왜 항상 당신이 먼저 화해하자고 해?"

남편이 대답했다.

"화나서 식식거리면서 생각했지. 몸도 약한 당신한테 화풀이만 하면 늙어서도 당신을 돌보지 못할 거 같더라고."

2013년, 남편은 굉장히 중요한 자리로 발령이 날 기회를 얻었다. 당시는 내가 아이를 낳은 지 삼 개월이 되는 때였다. 새로운 업무 환경에 적응해야 하고 인간관계가 복잡해질 거라고 예상하니 가정 내에서도 꽤나 큰 변동이 생길 것 같았다. 이에 남편은 꼬박 일주일간 고민하다가 결국 자리를 옮기지 않기로 결정했다. 남편은 선택의 기로에 놓일 때마다 우리 세 식구, 즉 가족의 공동 이익을 극대화할 수 있는 방향을 가장 중요한 판단 기준으로 삼는다고 내게 말해주었다.

그렇다면 나는 어떠한가. 나는 날마다 일인 미디어 게시물을 업데이트하느라 바쁘지만 아들 후루를 돌보는 시간도 제법 많고 가정의 재테크, 보험, 도우미 아주머니 일정 등을 모두 직접 관리한다. 가끔씩 친구가 "네 남편은 마누라를 참 잘 얻었어. 네가 아까워."라며 안타까운 듯이 말하면 나는 이렇게 대꾸한다. "넌 내가 아니니까 그 사람 장점을 모르지. 정말로 괜찮은 사람이야."

부부 사이에 공동의 발전을 도모하고 서로 독려하며 자극을 주는 태도는 꼭 필요하다. 하지만 이러한 상태를 원가 관리 그래프로 그려보자면 부부 쌍방의 힘이 지나치리만큼 정확하게 균형을 이루고 있는 모양인데, 이는 결코 행복한 결혼 생활이 아니다.

길고 긴 인생에서 우리는 수많은 유혹에 직면하고 선택해야 할 것도 많다. 하지만 가장 중요한 것은 개인의 가치 순위에서 가정을 평생 일순위에 두어야 한다는 점이다.

환경과 지위가 변하더라도 인생길을 천천히 함께 걸어가는 부부라면 끊임없이 자신을 개선하고, 상대방을 이해하고, 아이에게 사랑이 충만한 가정을 만들어주기 위해 최선을 다하고, 각자의 책임을 감당하며 이를 자랑스럽게 여겨야 한다.

행복한 가정을 이루는 비결은 궁극적으로 무엇일까? 부부가 서로를 굳게 믿고 함께 걸어가야 할 길 또한 믿어 의심치 않는 것이다.

배우 천수陳數와 결혼한 피아니스트 자오인인趙胤胤은 자신의 결혼식에서 감동적인 말을 남겼다.

"나는 우리가 앞으로 물질적으로는 물론이고 정서적으로도 만족하는 인생을 살게 되리라고 장담합니다."

나와 남편은 이 말에 상당히 공감했다. 결혼 생활은 해를 거듭하고 인생의 막바지로 갈수록 더욱 가치를 지닌다. 왜냐하면 부부 두 사람이 함께 지내온 그들만의 세월이 점점 쌓이기 때문이다. 보다 나은 삶을 영위하기 위해 애썼던 하루하루와 매 순간 좋은 가정을 만들려고 구석구석까지 애정을 쏟았던 지난날이 아름다운 기억으로 남으면 그것이야말로 진정으로 행복한 삶이다.

나와 남편은 가정의 아주 사소한 부분이나 상황도 가볍게 대하지 않았고 가정 문화를 함께 만들려고 노력했다. 이를테면 아들 후루가 세 살이 되면서부터 우리 가족은 일주일에 한 번씩 반드시 연극을 보러 갔다. 후루가 문화적인 환경 속에서 성장하길 바랐고, 아이가 자라서 어렸을 때 토요일마다 극장에서 시간을 보냈던 기억을 떠올리면 참 좋겠다는 이야기를 남편과 자주 나누었기 때문이다.

또 매년 적어도 세 번은 가족 여행을 떠났다. 그중에서 한 번은 나와 남편 단둘만의 여행이었다. 우리는 익숙한 환경을 벗어나서 자질구레한 걱정거리를 떨쳐버리고 결혼 생활에서만 느낄 수 있는 행복을 찾아 떠나곤 했다.

집 안에 둘 아름다운 예술품을 사는 것도 즐겼다. 예술품 덕분에 집안 분위기가 좋아지면 매일 퇴근해서 귀가할 때마다 그런 분위기를 즐기는 재미가 있었다.

또 좋아하는 드라마를 같이 보고 삼십 분 정도 수다를 떨다가 잠자리에 드는 일상은 결혼 초기부터 지금까지 계속된 우리 부부의 습관이며, 부부 사이를 좋게 하는 비결이기도 하다.

나는 시무룽席慕容 시인의 시 〈배우戱子〉의 한 구절인 '다른 사람의 이야기 속에서 나의 눈물을 흘린다.'라는 문장을 유난히 좋아한다.

바람직한 결혼 생활은 문제가 전혀 없는 삶이 아니라 부부가 서로 손을 맞잡고 문제를 해결하기 위해 부단히 적극적으로 노력하는 삶이다.

결혼 생활에도 다른 세상 만물과 마찬가지로 취약점이 있고 그것을 극복해야 한다. 모든 사물은 변화를 겪는 동안 이익을 얻거나 손해를 입는데, 취약점은 그때 감당하게 되는 손해를 가리킨다. 그러한 손해를 스스로 모면하고 나아가 혼란과 불확실함 속에서 이익을 얻는 것이 곧 취약점을 극복하는 과정이다.

이는 헬스 트레이닝을 할 때 근육이 살짝 파열되면 몸이 보상 기제를 적극적으로 발동하는 것과 같은 이치다. 몸에 가벼운 상처가 날 때마다 이를 스스로 치유하는 기제가 잇따라 작동하는 과정이 반복되면 마침내 몸은 오히려 점점 더 건강해진다.

결혼 생활에서는 합당한 보상을 얻으려고 애쓰지 않아야 취약점을 극복할 수 있다. 결혼 생활을 하다 보면 뜻대로 되지 않는 일이 당연히 많지만, 가벼운 상처가 났을 때처럼 '경미한 좌절-회복-다시 좌절'을 반복하는 과정을 거치면 인격이 차츰 성숙해지고 좌절도 개의치 않게 된다.

결혼 생활의 취약점을 극복하기 위해서는 안전한 곳에 가만히 머물러 있어서도 안 되고 덮어놓고 불안감에 휩싸여서도 안 된다. 적당한 스트레스와 위기를 인정하고 감당하는 법을 익혀야만 부부 관계가 성장한다.

역할을 공평하고 정확하게 분배하는 것보다 취약점을 극복하는 것이 결혼 생활에 도움이 되는 이유는 뭘까?

취약점을 극복하는 것은 초인적으로 강인한 능력이다. 강인함이 있어야만 상처를 원상태로 회복할 수 있고, 그로 말미암아 취약점이 극복되면 결혼 생활이 업그레이드되고 발전한다. 여기에서 가장 주목할 점은 취약점을 극복하는 과정에서 반성의 시간을 가지면 '블랙 스완 효과'를 피할 수 있다는 것이다.

행복한 가정을 꾸리기는 사실 그리 어렵지 않다. 사랑, 아름다움, 따뜻함을 간직하는 것 외에 개인의 욕망을 절제하고, 평범함을 소중히 여기고, 불확실함을 받아들이고, 스스로 성찰하고 행동할 때 가정은 행복해진다.

# 말다툼은
## 고도의 부호 해독 과정이다

말다툼을 고도의 부호 해독 과정에 비유하자면 '균형 바로잡기'라는 공동 목표를 달성하기 위해 각자의 생각을 상대방이 알 수 있게 '부호화'하여 전달하고 상대방은 이를 받아서 '해독'하는 것이다. 이렇게 정보를 부호화하고 해독하는 다툼의 과정이 없으면 쌍방의 관계는 비극으로 끝난다

사랑하는 사람끼리 가장 많이 하는 것은 키스, 커피 마시기, 영화 감상이 아니다. 설거지도 아니고 모임에 참석하거나 미래를 논하는 것도 아니고 바로 말다툼이다.

말다툼은 역사가 아주 오래되어 인류가 가장 소질을 발휘하는 스포츠다. 올림픽 종목은 아니지만 유구한 역사를 지녔고 장소의 제한이 없으며 일촉즉발의 상황에서도 절대로 그만두지 못한다. 특히 남자와 여자가 만났을 때 상대가 호적수라면 격정이 끓어오르고 감탄을 자아낼 만한 장면이 펼쳐지며 고성이 오간다. 이때 누가 옳고 그른지는 중요하지 않다. 오로지 너도 죽고 나도 죽겠다는 식으로 사생결단을 내려고 한다.

화성에서 온 남자와 금성에서 온 여자 사이에는 태생적으로 극복할

수 없는 큰 갭이 있다. 남자와 여자는 함께 지구로 와서 사는 동안 세상이 그들의 상상과는 전혀 다른 모습임을 깨달았다. 둘 사이의 관계와 언행에서 갈등이 사라지지 않고 영원히 존재한다는 사실을 알아버린 것이다.

갈등은 심각할 때도 있고 사소할 때도 있다. 심각한 갈등은 예컨대 '나랑 당신 엄마가 동시에 물에 빠지면 누굴 먼저 구할 거야?'라든가 '우리 만남 기념일은 왜 잊어버렸어?' 같은 질문을 던질 때 발생한다. '치약은 끄트머리부터 짜란 말이야!', '변기 뚜껑은 왜 맨날 안 닫니?' 같은 대화가 오가는 상황에서는 사소한 갈등이 생긴다. 이렇게 난처하고 짜증 나고 답답한 상황을 잇달아 겪으면 마음이 심란해져서 '내가 형편없는 사람과 결혼한 건 이닐까?' 하는 생각도 든다.

여자는 남자가 거실에 물건을 아무렇게나 던져두는 게 싫고, 남자는 여자가 잡다한 물건을 자동차 안에 어지럽게 쌓아두는 걸 못마땅해한다. 외출하기 전에 여자는 화장하고 꾸미느라 한창인데 남자는 일찌감치 준비를 마치고 여자를 기다리느라 좀이 쑤신다. 또 여자는 오랜만에 둘만의 주말 저녁 데이트를 로맨틱하게 즐기려고 계획하는데 남자는 눈치 없이 들떠서 친구들을 집으로 불러들인다. 여자는 친구와 온천에 가기로 약속했는데 남자는 시부모와 같이 주말을 보내야 한다고 은근히 강요하는 일도 있다. 이 외에도 갈등이 발생하는 상황은 무수하다.

대개는 이런 상황에서 말다툼이 시작되며 말다툼의 '마지노선'은 순식간에 붕괴된다. 알다시피 마지노선이 붕괴됨과 동시에 지뢰밭으로 들어가게 되지만 양쪽 다 지뢰를 밟지 않으려고 조심하거나 피하지 않는다. 오히려 같이 죽자는 비장한 각오로 뛰어들어 지뢰를 차근차근 밟으며 전진한다. 저속하게 비유하자면 말다툼은 마치 벽에 못질하는 것과 같고 다툼 끝에 하는 사과는 벽에 박힌 못을 빼는 것과 같다. 하지만 안타깝게도 못을 뺀 자리에 난 구멍은 없어지지 않는다.

2003년에 개봉한 영화 〈사랑해我愛你〉에서 쉬징레이徐靜蕾와 퉁다웨이佟大爲는 모기장 안에서 뒹굴며 몰래 사랑을 속삭이다가 뜻하지 않게 칼부림을 하고 집에 불을 지르는 지경에 이른다. 말하자면 싸움이 난 것이다. 그런데 싸우다 보니 마지막엔 싸운 이유는 잊고 싸운 사실만 기억에 남았다.

반려자와 싸우고 나면 왜 꼭 마음에 상처가 남을까? 반복해서 싸우는 과정에서 조심하고 감추고 싶었던 옛 상처, 허점, 단점을 가장 가까운 사람한테 밑바닥까지 뒤집어 보이기 때문이다. 그렇게 반려자에게 자기 속이 다 까발려지면 반려자는 내 마음속 보드라운 곳까지 제멋대로 드나든다. 그래서 결국 밤하늘의 별을 보기 위해 소중하게 지켜야 했던 마음속 작은 오두막은 한바탕 말다툼 때문에 쑤셔놓은 벌집이 되고 만다. 그렇게 마음이 갈기갈기 찢겨도 상대방한테 보듬어 달라는 말은 하지 못한다.

만약 과학적으로 남자와 여자는 아예 다르고 입장 차이가 있음을 안다면 남녀 차이에 대한 생각이 달라지고 그 차이가 상상만큼 심각한 일이 아님을 깨닫게 될 것이다.

남자와 여자는 정보를 처리하고 전달하는 방식이 판이하게 다르다.

왜냐하면 상대방이 한 말의 속뜻을 전혀 모르기 때문이다. 그래서 마치 소 귀에 경을 읽듯이 서로 알아듣지 못할 대화를 하다가 싸움으로 번지는 난감한 일이 생기는 경우가 대다수다.

일반적으로 남자는 논리적이고 주의력이 외부로 향하며 강하지만 단순해서 선형적 사고를 한다. 반면 여자는 감성적이고 예민하고 상상력이 풍부하고 의심이 많으며 남의 시선을 상당히 의식한다. 그래서 남자는 싸울 때 여자가 과거 잘못을 들추고 모질게 굴며 평소에 우아하던 사람이 갑자기 미친 듯 행동하는 것을 이해하지 못한다. 여자들은 보통 극단적인 방법으로 남자의 관심을 끌려고 한다. 그리고 가장 단호하고 후회할 말로 남자한테는 여자가 가장 중요한 존재임을 인정하도록 강요하고 여자를 자상하게 대하라고 채근한다.

사실 말다툼이 꼭 나쁜 일이라고는 할 수 없다.

연애 초기에 서로를 깊이 알지 못하는 연인에게는 말다툼이 특별한 도움도 되고 다투면서 진심을 표현하는 기회도 된다. 표면적으로는 말다툼하면 두 사람의 사이가 멀어질 것 같지만, 사실 상대방의 마음에 가까이 다가갈 수 있는 가장 단순하면서 거칠고 직접적이면서 효과적인 방법이 말다툼이다.

연애할 때 무조건 '여자는 완벽하게 꾸민 모습으로, 남자는 능숙한 매너로' 서로를 대한다면 쌍방 누구도 상대방의 참모습을 보지 못한다. 결혼 전에 서로 체면을 차리느라 누이 좋고 매부 좋은 격으로만 행동하면 나중에 가면이 벗겨졌을 때는 생각지도 못한 끔찍한 사건이 일어난다.

두 사람 사이의 감정이 안정된 상태인데도 다툼이 끊이지 않으면 서로에게 가장 중요한 부분에 문제가 있지는 않은지 성찰해보아야 한다. 예컨대 최근 연인에게 너무 소홀한 건 아닌지 돌아볼 필요가 있다.

곰곰이 한번 생각해보자. 연인 앞에 앉은 당신은 연인이 늘 달달함을 느끼게 하는가, 아니면 미간을 찌푸리게 하는가? 당신은 사랑의 감정을 상대방에게 때때로 표현하고 상대방을 감동시키는가? 당신은 상대방이 당신을 남몰래 마음속 가장 중요한 자리에 두게 행동하는가? 상대방에게 완벽하기를 강요하면 안 된다. 두 사람의 감정은 상대방이 완벽한가가 아니라 두 사람이 서로 얼마나 많은 다짐을 했는가에 따라 달라지는 법이다. 상대방과 소통을 충분히 하고 어떤 문제든지 서로 마주 앉아서 같이 해결해야 한다.

말다툼은 정말로 나쁜 일이 아닐까? 당연하다. 사랑하는 두 사람이 티격태격하는 와중에 기쁘거나 슬픈 일이 생기면 그로 말미암아 두 사람의 러브 스토리는 파란만장하고 흥미진진해지는 것이다. 심리학 관점에서 보자면 남자와 여자, 나아가 사람과 사람 사이에 고도의 정보 교환이 이루어지다가 양측의 균형이 깨졌을 때 다툼이 일어난다. 다투는 과정에서는 서로 정보뿐만 아니라 개인의 감정, 심리적 요구, 태도, 가치관 등도 전달하고 교환한다. 다투는 목적은 쌍방이 이렇게 서로 교류하며 균형을 바로잡는 데 있다.

말다툼을 고도의 부호 해독 과정에 비유하자면 '균형 바로잡기'라는 공동 목표를 달성하기 위해 각자의 생각을 상대방이 알 수 있게 '부호화'하여 전달하고 상대방은 이를 받아서 '해독'하는 것이다. 이처럼 정보를 부호화하고 해독하는 다툼의 과정이 없으면 쌍방의 관계는 비극으로 끝난다.

사람은 각자 다른 주체로서 사물을 보는 시각과 경로 의존성Path Dependency이 서로 다르기 때문에 격렬하게 충돌하고 다투게 된다. 이것이 바로 부호화와 부호 해독 과정에서 갖가지 버그Bug가 발생하는 현상이다. 그런데 쌍방이 버그를 보고도 못 본 체하면 서로에게 기대감이 없다는 뜻으로 볼 수 있다. 다툼이 이렇게 부정적인 방향으로 흘러가면 대개는 쌍방 모두 상처를 입고 관계는 끝장이 나고 만다.

버그투성이인 다툼이 시작되면 반드시 어느 한쪽은 뒤로 물러나는 모양새를 취해야 한다. 언어 표현은 가능한 한 정확하고 다정하게 해야 한다. 인내심을 유지하고, 상대방의 감정을 존중하고, 상대방을 인격적으로 무시하지 않아야 하며, 정보를 '부호화'하고 '해독'하는 소통을 자유롭게 해야 한다.

그러나 앞에서 언급한, 취약점을 극복하고자 하는 상황에서 마침 사소한 다툼이 벌어졌다면 쌍방이 상황을 묵인하고 넘어가는 것이 가장 현명한 태도다. 이는 결혼 생활에서 부부 사이를 더욱 견고하게 하는 꽤 효과적인 방법 중 하나다.

말다툼할 때는 목소리를 낮추고 냉정함을 잃지 않아야 한다. 적당히 침묵하고 타협하는 것은 나약함이 아니라 무작정 칼을 빼 들었다가 망연한 기분이 되는 최악의 상황을 피하기 위함이다. 화목하고 유쾌하게 살려면 감성이 충만해야 하고 자아와 이성을 계발하는 법을 부단히 배워야 한다. 더불어 '남자는 이해받기를 원하고, 여자는 사랑받기를 원한다.'라는 말도 명심해야 한다.

　앞서 다룬 말다툼 요령 몇 가지를 실천할 수 없다면 싸움을 한방에 종료시킬 강력한 한 마디도 있다. 사실 연인 사이라면 마땅히 해야 할 말이다. 그건 바로 "우리 사이에 갈등은 있지만 그래도 내 사랑은 너뿐이야."라는 고백이다.

# 사랑하는 힘을
# 회복하는 방법

여행은 초월적인 자아를 경험하게 하고 욕망을 서서히 내려놓게 만든다. 두 사람이 함께 여행하면 서로의 감정이 완전히 새로워지고 그 새로움은 오래 지속된다.

고향에 있는 이모는 놀기를 좋아해서 춤도 추고 쇼핑도 하며 늘 밝게 생활한다. 하지만 이모부는 항상 집에 틀어박혀 있고 익숙한 환경을 벗어나는 걸 내켜하지 않는다. 게다가 활달한 이모를 '주부로서 도리를 지키지 않는 정신 나간 사람'이라고 여긴다.

여행을 무척 좋아하는 이모는 여행 갈 때마다 이모부에게 같이 가자고 조른다. 매번 온갖 머리를 다 짜내어 이모부의 마음을 돌리려고 애쓰지만 번번이 실패하고 결국엔 혼자 집을 나선다. 전국 각지의 아름다운 곳을 사진으로 찍어 와서 보여줘도 이모부는 무뚝뚝한 표정만 짓고 심지어는 아예 자리를 피해 숨어버린다.

하루는 엄마가 계단 밑에서 몰래 울고 있는 이모를 발견하고는 한참을 망설이다가 다가가서 다독였다. 이모는 황급히 눈물을 훔치며 손에 들고 있던 전단지를 몸 뒤로 감췄다. 눈치를 챈 엄마가 말했다.

"이거 대만 여행 광고지네. 어디 보자, 이제 대만 자유 여행이 허용됐으니까 그 첫 문은 틀림없이 네가 열겠구나."

이모는 씁쓸하게 웃으며 대답했다.

"또 혼자 가겠지 뭐……."

엄마가 내게 와서 이 이야기를 전하는데 듣고 있던 나는 마음이 아팠다. 이모는 이미 쉰을 훌쩍 넘긴 나이지만 여전히 소녀 같아서 사랑하는 사람과 함께 여행하는 꿈을 간직하고 있었다.

성인이 되고 나서 여행하는 취미 때문에 다투는 연인들을 주변에서 가끔 봤다. 특히 여자는 여행을 좋아하는데 남자는 한사코 여행을 거부하는 커플을 보면 걱정이 되어서 조마조마했다. 왜냐하면 그런 경우에는 여행 자체가 문젯거리라기보다는 두 사람의 가치관이 확연히 달라서 갈등이 생기기 때문이다.

여행을 좋아하는 사람은 새로운 것에 호기심이 많아서 대담하게 탐색하고 도전을 즐기며 낯선 것을 거부감 없이 받아들인다. 이런 부류는 다양한 에너지를 순환시키며 빠른 속도로 성장하고 늘 시대 교체의 최전선에 자리한다. 반면 여행을 좋아하지 않는 사람은 보수적이고 전통적인 경향이 있으며 질서와 안정을 추구한다. 또한 현실적인 생활에 만족하며 생소한 곳에 가서 특별한 정신적인 의미를 찾는 데 관심이 없다.

여행을 좋아하든 싫어하든 그야 개인의 취향이니 아무래도 괜찮다. 하지만 상반된 경향의 두 사람이 함께 살다 보면 큰일이든 작은 일이든 반드시 서로 맞춰나가야 할 부분에서 적지 않은 문제가 발생할 우려가 있다.

열정을 불태우며 화끈하게 놀고 싶은 여자는 항상 남자 친구 또는 남편의 방해를 받는다. 노는 데 열정을 발산하지 못하게 저지하는 남자의 행위에는 여자의 인생관을 이해하거나 인정하지 않으며, 여자의 취미와 흥미를 수용하거나 존중하지 않는다는 의미가 내포되어 있다.

남자는 인생 최고의 창의력이 노는 가운데 발휘된다는 사실을 전혀 모르는 듯하다. 그러니 여자의 눈에 귀하게 보이는 것이 남자의 눈에는 그저 하찮게만 보이는 것이다.

혼자 떠나는 여행도 나름대로 훌륭하지만 환상적인 풍경을 사랑하는 사람과 함께 보고 싶지 않은 사람이 어디에 있겠는가.

경치 좋은 곳에 가서 '인증샷'을 찍고 편집 애플리케이션으로 사진을 수정해서 SNS에 업로드하는 건 진정한 여행이 아니라 단순한 관광에 지나지 않는다. 여행이란 인생을 발견하러 길을 떠나는 것이다. 다른 시간 속으로 훌쩍 뛰어들어 자유를 만끽하며 기적을 만나러 가는 길이 곧 여행이다.

내 친구 에이미Amy는 산후 조리 기간에 SNS 계정을 개설했다. 그녀는 미디어를 거의 접하지 않던 사람이라서 소셜 미디어라는 새로운 세상에 금방 푹 빠졌다. 사진을 수정하는 방법을 물으려고 친구들에게 전화를 걸어서 장시간 통화하고, 아기가 잠들고 나면 게시할 글을 다듬느라 새벽 한 시까지 쓰고 지우기를 반복했다.

출산 휴가가 끝났는데도 그녀의 SNS 사랑은 식을 줄 몰랐다. 당시 그녀는 연봉을 거의 몇 백만 위안씩 받는 세계 500대 기업의 임원이었지만 돈 한 푼 나오지 않는 SNS에서 도통 손을 떼지 못했다. 그녀의 인생에는 수년간 고군분투하며 어렵게 이룬 풍요롭고 안정된 삶이 있는 한편 진지한 내적 갈증과 지향이 존재했다.

에이미의 남편은 그런 아내를 이해하지 못했고 그 때문에 두 사람은 자주 다퉜다. 결국 스트레스를 감당하기가 버거워진 에이미는 사직서를 들고 사장실 문 앞에서 몇 번이나 서성거렸다. 그러던 중 사장과 갑작스레 맞닥뜨린 그녀는 긴장한 나머지 무심코 이렇게 말해버렸다.

"휴가를 내고 영국으로 여행 가고 싶습니다."

사장은 그녀의 휴가를 허락했고, 남편은 아내가 못 미더워서 아내와 함께 여행길에 올랐다. 부부는 목적도 계획도 없이 여행을 떠났다. 심지어 친구들도 모르게 조용히 움직였다.

하루는 부부가 직접 차를 몰고 버밍엄Birmingham 남부에 위치한 코츠월드Cotswold의 작은 마을인 바이버리Bibury에 도착했다. 그곳에는 아름다운 꽃밭이 펼쳐져 있었다. 에이미가 차에서 내려 다가가니 현지인의 묘지가 눈에 들어왔다. 묘비에는 망자의 삶이 간략하게 적혀 있었다. '존경받는 교사였던 그, 이곳에서 영원히 잠들다.', '그녀의 네 딸은 그녀를 영원히 사랑할 것입니다.' 등. 남편과 함께 아이처럼 묘비명을 차례로 하나씩 진지하게 읽던 에이미는 끝내 울음을 터뜨렸다. 에이미는 숨죽여 흐느끼면서 남편에게 말했다.

"우리도 언젠가는 이렇게 눈을 감겠지. 영원히 깨지 않을 잠을……. 인생은 초읽기야. 우리 자신을 위해서 일분일초도 허투루 쓰면 안 돼.

나도 곧 마흔이니까 나 자신을 위해 살고 싶어."

여행을 마치고 돌아온 남편은 아내를 데리고 가서 사직서를 제출했다.

여행하는 동안 자신에게 종속된 신분, 역할, 꼬리표를 훌훌 벗어던지면 자기 마음의 소리에 더욱 귀를 기울일 수 있고 한층 더 진실해진다. 여행 중에 발견하는 사소함, 설렘, 정서는 모두 인생의 잠재적인 터닝 포인트다. 하지만 인생의 반려자가 이 모든 것을 한 공간에서 함께하지 못한다면 부부는 서로를 이해할 수 있을까?

여행은 우리가 기다리는 운명과 만나는 일이다.

평생을 아웅다웅 다투며 사는 한 노부부가 있었다. 실리콘 밸리Silicon Valley에서 일하는 부부의 아들은 부모님의 결혼기념일을 맞이해서 고가의 세계 일주 크루즈 티켓을 선물로 드렸다. 부부는 마음이 편치 않았지만 돈을 이미 지불한 터라 예정대로 크루즈선에 탑승했다.

배가 80일 동안 지구 반 바퀴를 항해하는 사이에 부부는 특별한 경험을 많이 했다. 느닷없이 FBI 요원이 나타나서 국제 지명 수배자를 체포한 일도 있었고, 한 노인이 선상에서 조용히 죽음을 맞이하자 어느 낯선 이가 자발적으로 노인의 장례를 치러주기도 했다.

또 한 여성은 파티에서 VIP로 선정되어 라스베이거스Las Vegas 최고급 호텔 이용권 두 장을 선물로 받았다. 이에 모든 사람이 축하하고 부러워했지만 그녀는 슬프게 울었다. 사연인즉 신혼인 그녀의 남편이 일주일 전에 교통사고로 세상을 떠났다는 거였다. 노부부는 여행을 마치고 배에서 내리면서 생전 처음으로 서로의 손을 꼭 잡았다. 남편이 아내에게 말했다.

"세상이 하루가 다르게 변해가지만 내겐 당신과 함께하는 하루하루가 다 소중하오."

내 관점에서 결혼 생활이 행복한지 판단하는 기준은 세 가지다.

첫째, 두 사람의 관계가 나에서 우리로 발전했는가 하는 점이다. 여기서 '우리'는 단순히 두 명의 사람이 맺은 관계보다 훨씬 끈끈한 사이며, 서로 기대고 걱정하는 게 당연한 사이다. 둘째, 상대방의 요구를 일순위에 두는지를 본다. 자신의 요구를 일순위에 두는 사람은 사실상 자기가 아직도 싱글이라고 간접적으로 밝히는 셈이다. 셋째, 더 좋은 사람이 되고 사랑받을 만한 사람이 되기 위해 함께 노력하는지 여부로 판단한다.

결혼 생활에서는 자신도 사랑해야 하지만 상대방도 사랑할 줄 알아야 한다. 이는 상당히 중요한 능력이다. 길고 지루한 결혼 생활에서 대다수의 사람은 남을 사랑하는 능력을 배우지도 못할뿐더러 자신을 사랑하는 능력조차 차츰 잃어간다.

어떻게 해야 관습적인 생활 방식을 버리고 서로 새로운 시각으로 바라보며 상대방은 물론 자신까지 사랑하는 능력을 회복할 수 있을까?

해답은 바로 여행이다. 부부라면, 특히 결혼한 지 꽤 오래된 커플이라면 이따금 둘이 함께 여행을 떠나기를 권한다.

사람은 일정 나이가 되면 삶이 무미건조하고 시시하게 느껴진다. 이는 인생의 자연스러운 변화라서 누구와 결혼하더라도 피할 수 없는 현실이다. 그러나 여행을 가면 서로의 감정이 완전히 새로워지고 그 새로움은 오래 지속된다.

고부 갈등, 아이의 교육 문제, 매일 반복되는 자질구레한 일들에서 잠시라도 벗어나면 중년의 위기에 흔들리지 않는다. 장바구니 물가, 상사 악담, 연말 정산, 카드 값 얘기도 그만하고 마음을 편히 내려놓으면 아름다웠던 지난 세월을 추억할 수 있다. 과거에 꾸었던 꿈, 그 오래된 달콤함도 다시금 마음속에 차오를 것이다.

배우자와 손을 잡고 걸어가면 미지의 풍경이 펼쳐지고, 그 세상에서 만난 모든 사람, 나뭇잎 하나하나, 온갖 빛깔은 오직 두 사람만을 위해 존재한다. 날이 차츰 저물어 캄캄해지고 바람이 불면 어느새 찬 기운은 몸속으로 스며든다. 이때 상대방을 품에 끌어안으면 익숙한 사람에게서 순간 새로운 기운이 물씬 느껴진다.

배우자의 인생을 이해하는 가장 좋은 방법은 그가 길었던 풍경 속으로 그와 함께 들어가보는 것이다. 웨이보에서 백만 회 이상 공유되었던 글이 있다.

당신의 시선이 컴퓨터 화면에 멈춰 있을 때
알래스카의 대구는 수면 위로 뛰어오르고,
당신이 걱정에 휩싸여 멍하니 있을 때
메이리설산梅里雪山의 황금들창코원숭이는 나무를 타고,
당신이 붐비는 지하철 안에서 시달릴 때
티베트의 독수리는 구름 위로 비상하고,
당신이 상사와 다툴 때
네팔의 배낭 여행자는 모닥불에 둘러앉아 술잔을 기울인다.

이 세상에는 하이힐을 벗어두고 갈 수 있는 길도 있고, 향수 냄새가 나지 않는 신선한 공기도 있고, 회사를 벗어나야만 만날 수 있는 사람도 있다.

진심으로 서로 사랑하는 사람이 있다면 그 사람과 함께 꼭 여행을 떠나자.

# 사랑의 체계

## 자아 인식 업그레이드

# 역할 훈련 :
## 밥상머리 교육

부모와 아이가 한 식탁에서 함께 식사하는 것은 가족 구성원끼리 사회적 역할을 배우는 기초 수업이다. 가정 내에서 식탁은 여러 복잡한 관계가 모두 모이는 공간이며, 식탁 문화는 가정 문화를 통해 사회 문화를 학습하는 최적의 창구이자 사회 문화의 축소판이다.

나는 아침에 출근해서 저녁에 퇴근하는 여느 직장인 엄마와 똑같이 저녁이나 주말 또는 휴가일 때에만 아이를 곁에서 살뜰하게 돌볼 수 있다. 이성적으로는 아이를 돌보는 시간의 양보다 함께 있을 때의 친밀도가 더 중요하다고 생각하지만, 엄마로서 미안함과 회의감은 평생 들 것이고 아이에게 주는 사랑이 부족할까 봐 걱정스럽기도 하다. 그래서 아이와 함께 있는 시간이 말할 수 없이 소중하다.

다행스럽게도 내가 지금까지 반드시 지키고 있는 한 가지는 평일 저녁에 약속을 잡지 않고 집에 와서 아이와 함께 저녁밥을 먹는 것이다. 저녁 식사 시간에 나는 아이가 스스로 식탁 의자에 앉고, 숟가락을 사용하고, 가족 간의 대화에 참여하려는 모습을 지켜보면서 아이의 변화에 조금씩 적응한다. 그리고 서서히 성장하는 아이와 사이좋게 지내는 법도 터득한다.

아이가 혼자 힘으로 식탁 의자에 앉던 날, 나는 아이에게 전용 식기 세트와 '천사' 모양의 가볍고 편안한 턱받이를 준비해 주었다. "이건 네 선물이야."라고 말하며 아이에게 건네자 아이는 그때부터 독립된 한 인간으로서 자기만의 미식 여행을 즐기기 시작했다.

아이가 스스로 숟가락을 사용하기 시작한 때는 겨우 한 살이어서 음식물을 입속으로 정확하게 넣지 못하고 자주 흘렸다. 숟가락질이 어른한테는 평범한 기술이지만 아이에게는 대단한 모험이다. 우리 부부는 아이에게 밥을 먹는 방법을 일부러 가르치지 않았다. 젓가락을 사용하든 숟가락을 사용하든 손으로 집어 먹든 마음대로 하게 내버려두었다. 음식을 먹는 건 본능이기 때문에 식사 환경이 자유로우면 먹는 방법노 스스로 쉽게 배울 거라고 여겼다.

2015년 3월, 내가 일본 도쿄에 있을 때 남편이 동영상 하나를 보내왔다. 영상에는 아들이 손에 쥔 젓가락을 서서히 벌려서 고기 한 점을 집어 들고 자기 입속으로 침착하게 넣는 모습이 담겨 있었다. 그때 아들은 두 살이 채 되지 않은 나이였다. 나는 인파가 들끓는 다이칸야마代官山 길거리에서 걸음을 멈추고 서서 감동의 눈물을 펑펑 쏟았다.

식탁에서는 이처럼 기쁜 일만 있지는 않았다. 얌전하게 앉아서 밥을 먹던 아이가 언제부터인가 갑자기 식탁 의자에 앉지 않으려고 소리를 지르기 시작했다. 그릇에 담긴 음식을 일부러 바닥에 내동댕이치기도 하고 밥을 턱받이 주머니 속에 쑤셔 넣었다가 다시 꺼내 먹기도 했다. 한번은 벌떡 일어나서 미처 손쓸 새도 없이 기운차게 식탁으로 기어 올라가더니 냄비에 반쯤 담긴 고기를 숟가락으로 마구 퍼내는 게 아닌가! 우리 부부는 난생처음 겪는 상황에 발작한 사람처럼 아이의 돌발 행동을 말렸다.

어느 날에는 죽어도 밥을 먹지 않겠다고 떼를 쓰기에 음식을 낭비하면 안 된다고 엄하게 타일렀더니 식탁에 앉아서 눈물을 뚝뚝 흘리며 억지로 밥을 먹었다. 이 소식을 들은 친정어머니는 부리나케 달려와서 아이가 저녁 식사 전에 옆집 친구의 생일 케이크를 한 조각 먹었다고 알려주었다. 순간 나는 독단적인 판단으로 행동한 나 자신이 너무나 부끄러웠다. 그날 나는 반성의 시간을 한참이나 가졌다. 아이가 말을 잘 듣지 않거나 불안해할 때는 명확히 설명할 수 없는 어떤 이유가 반드시 있다는 걸 그때 깨달았다. 그 이유가 부모의 문제는 아닐지라도 아이를 위해 적절한 대처법을 강구하는 건 부모가 해야 할 일이다.

밥 한 끼로 왜 유난을 떠느냐고 누군가 묻는다면, 아이에게도 자신의 감정이 있는데 어째서 부모의 기준을 따르도록 요구할 수 있느냐고 되묻고 싶다. 아이의 감정을 이해하는 건 멀리 내다봤을 때 아이가 정상적으로 밥 한 끼를 다 먹는 것보다 훨씬 중요하다.

아이가 자랄수록 자제력이 강해지자 우리도 저녁 식사를 할 때 더 이상 '먹기'에만 온 신경을 집중하지 않아도 되었다. 나는 때때로 아이에게 식사 예절을 가르쳤고 아이가 식사 준비부터 밥을 먹기까지의 전 과정에 참여하고 경험할 기회도 마련했다. 예를 들자면 케이크를 구울 때, 아이에게 거품기로 달걀이 부드러워질 때까지 푸는 역할을 주고 책임을 다하게 했다. 아이는 이렇게 중요한 과정에 참여하는 걸 무척 재미있어했고 요즘은 달걀 푸는 일을 가장 즐기고 있다.

　물론 아이가 어리다 보니 일을 시키면 꽤 성가시다. 이를테면 달걀 물이 옷에 튀기도 하고 이따금 내가 부주의한 틈에 거품기를 핥기도 한다. 하지만 그게 뭐 대수겠는가. 아이가 코를 찡긋거리며 웃다가 포동포동하고 작은 손으로 콧등을 한 번 훔치면 얼굴은 온통 달걀물 범벅이 된다. 그러고도 우쭐거리며 양푼을 들고 와서 내게 보여주며 "우와, 누가 이렇게 잘 만들었대?" 하고 능청을 떨면 난 아이의 익살맞고 귀여운 모습에 그만 푹 빠져서 아이를 품에 안고 몇 번이고 입을 맞춘다. 이렇게 나는 아이와 같이 평범한 식사를 준비하면서 아이의 성장에 조금씩 기여한다.

　밥을 먹으러 식당에 가면 우리는 늘 '개구쟁이와 식탁의 전쟁'을 눈앞에서 본다. 식당에서 아이들은 보통 시종일관 법석을 피우며 뛰어다닌다. 접시도 두들기고 어른들의 말도 자꾸 끊고 시끄럽게 소리도 지른다. 물론 얌전히 앉아서 밥을 먹고 꽤 예의가 발라 보이는 아이도 있다. 예의가 바른 아이들은 솔선수범하는 부모에게 가정 교육을 잘 받았기 때문이라고 말들 하지만, 나는 무엇보다 아이가 부모에게 존중받았기 때문에 예의도 갖추었다고 생각한다.

　우리 집 식탁에서는 애초부터 아이를 어른과 동등한 한 구성원으로 대했다. 아이는 밥을 먹을 때 젓가락을 사용할지 숟가락을 사용할지 아니면 손으로 먹을지 스스로 선택했다. 먹는 요령이 서툴러서 식탁을 어지럽히거나 기분 상태에 따라 주변을 난장판으로 만들어도 하고 싶은 대로 하게 내버려두었다. 아이가 유년기에 들어서서 감정의 기복이 심해도 거칠게 야단치지 않았다. 내가 가장 중점을 두었던 점은 아이에게 식탁에서의 자유와 권리를 허용하고 아이가 무엇을 얼마나 먹을지 스스로 결정하게 한 것이다. 그렇게 하면 아이는 자신이 진심으로 대접받고 있다고 느낀다.

한 끼 식사를 위해 식탁을 완벽하고 깔끔하고 꼼꼼하게 준비하는 게 다는 아니다. 식탁에서는 가족이 둘러앉아서 아름답고 따스한 시간을 함께 보내는 게 가장 중요하다.

식탁은 온 가족이 모여서 그날의 기쁘거나 골치 아팠던 이야기를 두런두런 나누고, 그럴듯하지만 허세가 섞인 아이의 우스갯소리에 모두가 하하 큰 소리로 웃는 자리다. 이렇게 마주 앉아 가족애를 다지면 삶의 에너지가 충전된다.

난 아이가 식탁에서의 일화를 구체적으로 기억하기보다는 식탁에서 느끼는 포근한 감정을 영원히 간직하기를 바란다. 훗날 삶이 우울할 때 그 감정을 떠올리며 외로워하지 않았으면 하는 마음이다.

사회학의 관점에서는 부모와 아이가 한 식탁에서 같이 식사하는 것을 가족 구성원끼리 사회적 역할을 배우는 기초 수업이라고 본다. 가정 내에서 식탁은 여러 복잡한 관계가 모두 모이는 공간이며, 식탁 문화는 가정 문화를 통해 사회 문화를 학습하는 최적의 창구이자 사회 문화의 축소판이다.

역할은 한 사람의 성장 과정에서 상당히 중요한 부분이다. 감성 지수가 낮은 사람이라고 해서 악하거나 지능이 낮지는 않다. 그런 사람들은 사회 역할 훈련을 오래 받지 못해서 사회관계 속에서 따뜻한 감정을 느끼지 못하는 것뿐이다. 그래서 교양이 있는 척 폼을 잡거나 뭇 사람들과 어울리지 못해서 무례를 범하고 부적절한 행동을 한다. 인격이 완벽하다고 해서 천성이 착하고 정이 많은 것도 아니다. 역할은 복잡한 사회관계의 맥락 안에서 자신의 위치를 확인하는 것이므로 적절히 존재감을 드러내야 한다. 사회관계 속에 어우러질 수 있게 감성 지수를 높이는 최고의 방법은 바로 온 가족이 식탁에 모이는 것이다.

홍콩 영화 〈맥덜: 미 앤 마이 맘McDull Me & My Mum〉에서 맥덜의 엄마는 고단한 삶을 사는 중에도 결코 미래를 비관하지 않았다. 엄마는 기쁜 일이 있을 때마다 맥덜과 함께 맛있는 음식을 먹으며 축하했다. 맥덜이 졸업한 날에는 둘이 같이 노천 식당에서 샤브샤브를 먹었고, 싸구려 여관에서 묵으면서 호화 여행을 하는 체할 때는 벽에 그려진 벚꽃에 어울리는 비빔밥을 주문했다. 또 엄마가 아파서 맥덜을 친척에게 부탁할 때는 라면에 달걀을 꼭 넣어서 주라는 당부도 잊지 않았다.

사람들은 가족과 함께하는 식사에 왜 이렇게 마음을 쓰는 걸까? 왜냐하면 맛있는 음식 냄새는 먼 훗날에 감성을 자극하고, 가족이 만든 음식은 그 자체로 에너지가 되며 지친 몸과 마음을 위로하기 때문이다. 또 아이의 성장 일기에 벽에 붙인 신장계가 가리키는 숫자 외에 아이와 함께 먹은 맛있는 음식도 기록하기 때문이며, 아이와 나란히 앉아 밥을 먹는 행위가 곧 아이에게 전하는 사랑이기 때문이다.

# 아이의 '철듦'은
# 어른의 판단 기준일 뿐이다

부모가 자신이 원하는 모습대로 아이가 철들기를 바란다면 아이는 차라리 철들지 않는 게 낫다. 부모의 이런 바람은 어른으로서 오만하고 인내심이 부족하며 잘못을 허용하는 자신을 위한 안전한 선택에 지나지 않기 때문이다.

매일 저녁 여덟 시가 되면 아들 후루는 우리 부부를 따라 광장으로 나가서 신나게 뛰고 친구들과 즐겁게 논다.

하루는 아들이 저녁 여덟 시 반이 되었는데도 나갈 생각을 않고 계속 퍼즐만 맞추고 있었다. 외출복으로 갈아입은 나와 남편이 아들한 테 나가자고 재촉하는데도 아들은 들은 체 만 체 했다. 그러더니 뭉그적거리며 밖으로 나가서는 사방을 미친 듯이 뛰어다녔다. 집으로 돌아갈 시간이 되어 아들한테 가지고 놀던 물총을 친구 랑랑朗朗에게 돌려주라고 하자 아들은 "싫어, 집에 안 가. 더 놀 거야!" 하며 생떼를 부렸다. 조곤조곤 달래고 타일러도 끝내 말을 듣지 않아 결국 아들을 한바탕 꾸짖고 나서야 겨우 집으로 돌아왔다.

그때 나는 '미운 두 살' 아들이 뭐든 귀찮아하고 싫다고 거부하는 게 순 억지에 철부지 짓이라고 여겼다. 그러나 후루가 잠들기 전에 내게 물은 한 마디 때문에 나는 내 행동을 다시 돌이켜보았다.

"엄마, 오늘 왜 그랬어? 그렇게 야단치니까 내가 큰 잘못을 한 거 같잖아."

중국 가정의 부모는 대부분 아이가 빨리 철들기를 기대한다. 요즘 부모들은 베스트셀러 육아 서적을 찾아 읽어서 어느 정도는 '역지사지 易地思之'의 마음으로 아이를 키워야 한다고 알고 있다. 하지만 부모는 아이에게 '착하다, 철들었네, 말을 잘 듣는구나.'라고 진심 어린 칭찬도 계속해야 한다.

어른의 기준에서 '철듦'은 아마도 '규칙'으로 해석할 수 있을 것이다. 이를테면 내 경우는 여덟 시에 외출했다가 들어와서 열 시에 샤워하는 습관이 아이의 신체 발달에 유익한 규칙이라고 보았다. 그런데 내가 한 가지 간과한 점이 있었다. 아이의 눈에는 무감정한 규칙은 보이지 않고 감성적인 풍경만 보인다는 거였다.

나는 후루가 내 인내심이 바닥이 날 때까지 높다란 계단을 몇 번이고 오르락내리락하는 것을 시간 낭비라고 여겼다. 계단을 올라갈 때 풍경이 조금씩 눈앞에 나타나고 계단을 내려올 때 또 풍경이 조금씩 사라지는 모습이 아이의 눈에는 신기했던 모양이다. 솔직히 나는 이해할 수 없지만 말이다.

또 밥을 먹을 때 젓가락을 썼다가 숟가락을 썼다가 하며 밥알을 사방에 흘리기에 나는 화가 나서 "넌 왜 매번 옆집 아이처럼 깔끔하게 먹질 못하니?" 하고 물었다. 하지만 후루는 그저 엄마처럼 젓가락을 자유자재로 사용할 줄 안다고 으스대고 싶어서 숟가락을 쓰지 않는 연습을 하려던 것뿐이라고 대답했다. 도통 이해하기 어려운 일이다.

워터파크에 갔을 때 후루가 무서워하며 엉엉 큰 소리로 울면 난 실망스러워서 "왜 이렇게 겁이 많아?" 하고 핀잔을 주었다. 후루가 욕실에서 물놀이를 할 때마다 물은 위험하다고 늘 일깨워줬기 때문에 아이는 욕실보다 널찍한 곳에서 넘실거리는 물이 두려웠나 보다. 하지만 이 역시 나로서는 이해하기 쉽지 않다.

나는 왜 아이를 이해하지 못할까?

어른이 아이를 이해하지 못하는 이유는 어른의 관심이 목적지에만 있기 때문이다. 예컨대 동물원에 가기로 약속해서 문 앞에서 입장권까지 샀는데 아이는 길가의 개미가 대체 뭐라고 거기에 빠져든다. 하지만 동물원의 동물이나 길가의 개미나 그것들을 보면서 아이가 느끼는 즐거움은 결국 같은 감정이 아니겠는가.

어른은 아이의 시선을 따라서 아이 눈에 비친 세상을 보지 않고 자신의 생각만 중요하다고 여기는 탓에 아이를 이해하지 못한다.

만약 내가 그날 후루에게 나가자고 재촉하지 않고, 퍼즐 맞추기에 정신이 팔린 아이 옆에 쪼그리고 앉아서 "이 퍼즐은 꽤 독특한데? 오늘 알아낸 거야?" 하고 물었다면 후루는 아마 신이 나서 내게 이렇게 말했을 것이다. "응, 오늘 갑자기 알아냈어. 네 조각을 연결했더니 기차 몸통 모양이 나왔는데 기차 머리는 어떻게 맞춰야 할지 아직 모르겠어."

그날 저녁에 후루가 밖에 나가지 않았다면 매일 모이는 친구들은 만나지 못했겠지만 엄마와 머리를 맞대고 합심해서 퍼즐을 맞추는 특별한 밤을 보냈을 것이다. 그리고 몇 년 뒤, 수학 시간에 아이는 퍼즐 맞추기를 도와주던 엄마가 기하학 지식을 바탕으로 설명해주었는지를 되새겨보다가 아마 하하 하고 크게 웃을지도 모른다.

후루는 반강제로 밖에 나갔지만 이내 감정을 추스르고 친구들과 장난치기에 바빴다. 가까스로 차례를 기다려서 랑랑이 새로 산 물총을 손에 넣었는데 내가 멋대로 아이한테 집에 가야 한다고 명령했다. 아마 후루가 성인의 논리로 의사를 표현할 수 있었다면 집으로 가는 길에 틀림없이 큰 소리로 반항했을 거다.

'엄마, 내가 뭘 잘못했어? 나도 자존심이 있잖아. 친구들 앞에서 그렇게 혼내면 어떡해? 엄마 아무것도 모르면서 너무 못됐어.'

하지만 아이는 대들지 않았다. 아이의 세상은 여리기만 하고 아이는 아직 어른의 사고 체계에 대항할 능력이 없다. 이런 상황에서 문제 해결의 열쇠는 당연히 어른이 쥐게 되고 문제 해결을 위한 소통도 대부분 어른이 일방적으로 주도한다. 이때 아이는 이런 생각을 하지 않을까.

'엄마, 난 아직 어려. 나랑 손을 잡고 발을 맞춰서 천천히 걸으면 좋겠어.'

철학자 저우궈핑周國平이 한 말이 떠오른다. 그는 아이에게서 의미를 찾고자 한다면 "아이의 눈을 통해 길 위의 잠자리와 수면의 잔물결과 멈춘 듯 느릿느릿 움직이는 구름을 보라."고 했다. 그렇게 해서 세상을 새로운 시각으로 보아야 한다는 뜻이었다.

내 절친한 친구는 성질이 불같은 편인데 유독 아이 앞에서만은 양처럼 순해진다. 그녀는 언젠가 내게 "결혼은 독립적인 한 여성을 변화시키기 어렵지만, 아이는 한 여자가 완전히 새로운 인생을 살게끔 한다."라고 했다.

어린아이가 어른의 세상을 이해하고 어른의 규칙을 따르는 것은 '철든' 행동이 아니다. 오히려 어른이 아이를 사랑하는 마음은 물론이고 교육적 의미, 굳은 의지, 고도의 섬세함을 지니고서 조심스럽게 아이의 세계로 들어가서 아이의 세상 속 규칙을 이해하는 것이 철든 행동이다.

실제로 사람들은 사회적 약속에 따라 일반화된 모습으로 생각하고 행동하며 어른의 세상에서 예상할 수 있는 어떤 범위에 부합할 때 보통 철들었다고 한다. 하지만 세상에서는 무심코 저지른 실수가 위대한 혁신으로 변모하기도 하고 '분별없이' 우연하게 떠올린 기발한 상상이 현실이 되기도 한다. 그래서 모든 미숙한 아름다움은 인류가 고정 관념을 벗고 불확실성, 복잡성, 다양성을 활용하여 창조한 미지의 아름다움이다.

사람들이 바라는 질서가 있는 세상에서는 모든 일을 예측하고 통제할 수 있다. 그러나 질서가 있는 세상을 이루려면 사회 밑바닥까지 공중도덕이 존재해야만 하며 개인의 의지로는 불가능하다. 만약 부모가 자신이 원하는 모습대로 아이가 철들기를 바란다면 아이는 차라리 철들지 않는 게 낫다. 부모의 이런 바람은 어른으로서 오만하고 인내심이 부족하며 잘못을 허용하는 자신을 위한 안전한 선택에 지나지 않기 때문이다.

　부모는 아이가 '철들기'를 바라는 마음을 버리고 아이를 구속하지 않는다면 어른 세상보다 십만 배나 아름다운 아이들 세상을 보호한 셈이나 다름없다. 아이들 세상에서는 낡은 헝겊 인형과 이슬을 머금은 푸른 풀에도 모두 생명이 있으며 평범한 것들조차 하나같이 아름다워 보인다. 그렇게 시각이 달라진 순간부터 부모는 성격이 부드러워지고, 넉넉하고 너그러우며 이성적이고 온화한 사람으로 변한다. 또 부모는 침착하고 진지하게 자녀를 교육하고 자녀의 중요한 문제도 작은 지혜로 해결할 수 있게 된다. 왜냐하면 부모에게 사랑과 관용을 가르쳐주는 천사가 바로 그 옆에 있기 때문이다.

　여기에서 가장 중요한 사실은 세상에 철없는 아이는 없는데 어른들만 늘 그 사실을 모른다는 점이다.

# 성격에 결함이 있으면
# 자제력을 잃는다

아이는 하늘이 보낸 천사다. 어른은 아이를 통해 자기 허물을 발견하고 꾸준히 교정하고 개선함으로써 더 좋은 사람이 된다.

　이번 주말에 우리 부부는 아들 후루 때문에 두 번이나 자제력을 잃었다.

　한 번은 후루가 유난히 좋아하는 〈검은 고양이 경장黑貓警長〉(중국 최초의 TV 애니메이션 프로그램-역주) 풍선이 말썽이었다. 후루는 그 풍선을 막 손에 넣은 터라 밥을 먹으면서도 풍선을 내려놓지 못했다. 이를 지켜보던 남편이 밥을 먹는 동안은 풍선을 식탁에 묶어두고 구경만 하라고 타일렀다. 그런데 후루가 갑자기 비명을 지르며 풍선을 지키려고 아빠를 있는 힘껏 밀쳤다. 남편도 풍선에서 손을 떼지 않고 둘이 옥신각신하다가 결국 풍선이 찢어지고 말았다. 이에 남편이 소리를 지르며 후루를 방으로 들여보내면서 고집을 피운 걸 반성하라고 했다.

　또 한 번은 TV를 보고 있는 후루에게 밥을 먹으라고 불렀는데, 아무리 기다려도 후루가 꼼짝도 하지 않자 내가 강제로 TV를 꺼버리면서 갈등이 시작되었다. 화가 난 후루가 날 떠밀었고 나도 후루에게 고함을 쳤다.

그런 일이 있은 후에 곰곰이 생각해보니 풍선 사건은 후루의 고집이 아니라 남편의 고집 때문에 일어난 일이었다. 또 TV 사건은 후루가 참을성이 없었던 게 아니라 내 인내심이 부족했던 탓에 일어났다. 보던 프로그램이 끝나고 밥을 먹기로 서로 타협하면 수월하게 해결될 일이었다.

이렇게 자제력을 잃는 일이 생길 때마다 나와 남편은 마음이 얼마나 괴로운지 모른다. 그래서 아이에게 미안하다고 사과하고 더 다정하게 아이를 대한다. 하지만 문제는 나도 남편도 이런 이치를 빤히 알면서도 막상 갈등이 일어나면 또 자제력을 잃는다는 것이다. 어째서 그럴까? 나는 이 문제를 주말 내내 고민했다.

이러한 면은 아마도 인터뷰를 하는 내 직업적 특성과 관련이 있는 듯했다. 나는 한 문제를 깊이 파고들기 시작하면 항상 관련 당사자의 집안 내력을 따져본다. 집안 내력의 영향력은 실로 어마어마하기 때문이다.

내 시아버지는 매우 근엄한 성격이어서 여태 아들과 단둘이 대화를 나눈 횟수가 손에 꼽을 정도다. 남편은 권위적인 아버지와 늘 어긋났고 둘 사이의 갈등을 해결할 길은 남편이 아버지에게 복종하거나 반항하거나 두 가지 방법뿐이었다. 반면 시어머니는 문화혁명 시대를 거친 분이라서 어떤 일이든 항상 때를 놓칠지도 모른다는 불안감을 갖고 살았다. 즉 무슨 일이든 당장 하지 않으면 기회를 잃을까 봐 겁내고, 기회가 왔을 때 잡지 않으면 영영 기회를 놓칠까 봐 두려워했다.

근엄함과 조급함을 보이는 것은 이전 세대의 교육 방식이다. 나와 남편은 그런 교육 방식에 결코 공감하진 않지만 그 방식이 은연중에 우리가 아이를 교육하는 방식에 영향을 끼치고 있다.

남편이 풍선 사건으로 자제력을 잃었을 때, 방관자였던 나는 남편이 화난 이유가 풍선에 집착하는 아이의 행동 때문이 아니라고 생각했다. 남편은 자신이 아이한테 좋은 말로 충고했는데도 아이가 생떼를 부리자 그 반응에 화가 난 것이다. 아이를 교육할 때 결과가 자신의 기대치에 미치지 못하면 상당히 실망하다가 마지막엔 꼭 성을 내곤 했다.

또 내가 조급했던 건 차려놓은 음식이 식을까 봐 염려되어서가 아니었다. TV를 보는 후루를 기다리다 보면 내 몸이 나도 모르게 알람시계로 변해서 그동안 시간이 째깍째깍 흘러가면 마음이 몹시 불안해지기 때문이다.

가끔씩 우리 부부는 격세 유전으로 아이한테 나쁜 버릇이 생겼다고 조상을 원망한 적도 있다. 이를테면 할아버지의 고약한 성미나 할머니의 결벽증 같은 것 말이다. 그런데 유전적인 요인 말고도 우리가 부모로서 아이에게 영향을 줄 만한 행동을 아이 앞에서 하지는 않았을까?

나와 남편은 둘 다 1970~80년대 출생인데 우리도 부모의 교육 방식으로 고통을 겪은 일이 있었는지 돌이켜보았다. 당연히 있었다. 그래서 우리는 후루가 우리와 똑같은 경험을 하지 않게 해주자며 반성했다.

우리는 부모님의 부적절한 교육 방식 때문에 관성적인 사고방식을 갖게 되었고 우리 부모님이 자녀 교육에 서툴렀던 건 성격에 결함이 있어서라고 단정해버렸다. 바로 이런 점들이 우리가 자기 수양을 시작해야 하는 이유다. 이번 생에서 배워야 할 인생 공부의 출발점 또한 여기에 있다.

대만 감독 에드워드 양Edward Yang이 연출한 〈하나 그리고 둘A One and a Two〉이라는 영화가 있다. 영화에 등장하는 모든 사람이 역경에 처하지만 열 살이 안 된 꼬마 양양洋洋 딱 한 사람만 밝게 살아간다. 양양은 자기가 마치 스스로를 볼 수 있는 제2의 눈을 가진 양 주위 사람들의 뒷모습을 카메라로 촬영했다. 외삼촌은 사진 속에서 자기 뒤통수를 보고는 의아한 듯이 물었다.

"이걸 왜 찍었어?"

양양이 대답했다.

"자기 뒷모습은 자기가 못 보니까 내가 찍어서 보여주는 거예요."

우리가 자제력을 잃을 때 거울에 얼굴을 비추면 어떤 모습이 보일까?

내 눈에는 자신의 무능함을 가장 단순하게 대변하는 모습으로 보였다. 아이에게 벌을 주는 건 문제를 가장 간단하고 빠르게 해결하는 방법이며 벌을 주고 나면 화난 속이 좀 풀린다.

우리는 왜 항상 아이 앞에서 자제력을 잃을까? 사실 아이한테는 문제가 없다. 나 같은 부모가 문제다. 집안 내력인 성격의 결함과 오래된 편견과 제약이 결국 자제력을 잃게 만든다.

이는 우리가 양질의 교육을 받아서 인내심으로 아이를 대해야 한다는 걸 분명히 알면서도 매번 감정을 억누르지 못해서 자신과의 약속을 깨고 똑같은 실수를 반복하는 이유이기도 하다. 우리는 나무에서 열매가 떨어지는 것을 보고 무의식적으로 열매의 무게가 지속적인 영향을 미친 결과라고 생각한다. 하지만 사실은 강한 중력이 열매를 끌어당겨서 아래로 떨어지는 것 아닌가. 비유하자면 사람은 어떤 상황에서 성격의 결함이 중력처럼 작용하면 열매가 땅에 떨어지듯이 자제력을 잃게 된다.

세상의 모든 아이는 순수한 천사다. "자기 뒷모습은 못 보니까 내가 찍어서 보여주는 거예요."라고 했던 양양의 말처럼 우리는 천사 같은 아이의 순수함을 통해 자신의 모습을 적나라하게 본다.

우리는 이런 시행착오를 얼마나 겪어야 좋은 부모가 될 수 있을까? 사실은 잘 모르겠다. 다만 아이 앞에서 자제력을 잃었던 자신을 반성하며 원인을 자신에게서 찾는 부모, 아이에게 진심으로 사과하고 갈수록 더 나은 모습을 보여주는 부모가 되기를 희망할 따름이다.

아이한테 가장 끔찍한 부모는 어떤 유형일까? 자신에게 문제가 있다는 생각은 전혀 하지 않고 모든 문제를 아이 탓으로 돌리는 부모다. 나아가 아이한테 생기는 문제는 재수 없는 일이며 자신은 피해자라고 생각하는 부모는 최악이다. 이런 부모의 자녀는 감정을 무척 억제하고 시간이 갈수록 마음의 문을 닫는다. 그래서 부모와 소통하지 않음은 물론이고 세상과도 소통을 단절한다.

부모가 되면 다양한 교육법을 학습해야 한다. 자녀 교육법은 치료약과 같아서 화날 때는 감정을 다스리게 하고 문제가 생겼을 때는 일시적인 해결책이 된다. 하지만 우리는 부모가 아닌 한 성인으로서 한의학에서 말하는 울결鬱結(가슴이 답답하게 막힘)과 유사한 증상이 평소에 나타날 때는 과거로 거슬러 올라가서 이것저것 따지지 않고 원인을 찾아야 한다. 그래야만 울결이 해소되고 가슴이 후련해진다.

울결의 원인을 찾으면 하늘에서 내려온 천사 같은 아이의 순수함을 느낄 수 있고 덩달아 자신의 허물도 보인다. 이로써 부모는 자신의 생각과 행동을 끊임없이 개선하여 더 좋은 사람이 된다.

부모와 자녀의 관계를 부단히 개선하려는 노력은 사실상 아이를 위한 일이 아니라 부모 자신을 위한 일이다.

# 부모의 권위를 버려야
# 좋은 부모가 될 수 있다

아이가 아직 어려서 깊이 있게 소통할 수 없다고 말하지 말라. 지금 아이와 동등한 입장으로 소통하지 않으면 미래에도 소통하지 못한다.


본론으로 들어가기에 앞서 각자 평소에 자녀와 어떻게 소통하는지 되짚어보자. 이 절의 제목을 읽고 이런 주제도 이야깃거리로 삼을 수 있나 싶어서 다들 놀라지는 않았을까. 자녀와 소통하는 법을 모르는 사람은 없을 테니 말이다.

요즘 시대의 부모는 이전 시대의 부모에 비해서 교육 수준이 훨씬 높다. 그래서 아이에게 그림책도 읽어주고, 디즈니랜드에 가서 아이들의 꿈도 이루어주고, 사소한 일은 거의 아이의 뜻대로 하게 한다. 하지만 일상생활에서 부모가 아이에게 무심코 가장 많이 하는 말은 이전 시대와 별반 다르지 않다. 예컨대 이렇게 말한다.

"시키는 대로 안 하면 미워할 거야."(위협)

"진지한 얘기니까 곰곰이 생각해봐."(주입)

"공부를 그렇게 대충 하니 네 앞날이 참 암담하다." (부정)

이런 대화는 소통이 아니다. 모두 부모의 일방적인 발언일 뿐이다. 부모라는 이유로 주도적인 위치에서 아이에게 요구하는 말이다. 부모는 아이가 지금 가고 있는 길이 자신도 이미 지나온 길이어서 방향을 정확히 알고 있기에 자신의 생각대로 아이를 인도하는 것이 곧 아이를 사랑하는 방법이라고 여긴다.

하지만 안타깝게도 사랑은 대단히 연약한 감정이어서 상대방의 요구를 다 감당하지 못하며 요구를 받을 때마다 점점 옅어진다. 이와 마찬가지로 부모도 자녀에게 일방적으로 요구하기만 하면 서로의 관계는 소원해질 수밖에 없다. 부모는 자녀와 소통하면서 흔히 오류를 저지른다. 이를테면 말을 잘 들어야 착한 아이라고 여기거나, 논리적으로 설명해야 아이가 말을 잘 듣는다고 착각한다. 그러나 실제로는 전혀 그렇지 않다. 자녀와 소통할 때는 몇 가지만 알아두자.

첫째, 자녀와 소통한 결과가 부모의 예상과 다를 수 있다. 아이와 소통하기로 한 이상은 서로 의견을 주고받아야 한다. 소통 과정에서 아이는 부모의 의견을 거부할 수도 있고 부모에게 반항할 수도 있는데 이는 자연스러운 현상이다.

최근에 일주일간의 크루즈 여행을 막 마치고 돌아와서 하루를 쉬고 있는데 아들 후루가 나가서 놀자고 자꾸 보챘다. 난 정말로 피곤해서 아들한테 진지하게 몇 번이나 말했다.

"엄마는 머리가 너무 어지러워서 좀 쉬고 싶어. 그런데 후루가 자꾸 조르면 소리칠 거야."

그랬더니 아들이 "그럼 아예 집에 오지도 말지 그랬어!"라며 말대꾸했다. 그 순간 나는 본능적으로 폭발할 뻔했지만 이내 평정을 되찾았다. 후루가 엄마를 많이 그리워했던 탓에 평소라면 이해하고도 남았을 사소한 일로 이처럼 '억지'를 부리나 보다 하고 후루의 마음을 헤아렸다.

그러므로 부모와 자녀의 원활한 소통을 위한 첫 번째 요건은 서로를 이해하는 것이다. 나는 한 발짝 양보해서 옷을 갈아입고 후루와 함께 밖으로 나갔다. 후루가 계단을 내려가면서 한 마디 했다.

"역시 엄마는 날 사랑해."

후루의 말에 내 마음은 이내 따뜻해졌다. 아이의 마음을 이해하고서 얻은 행복감은 신체적인 괴로움도 말끔히 씻어주었다.

후루는 실외 놀이터에서 겨우 삼십 분쯤 놀더니 이렇게 말했다.

"엄마가 추우니까 이제 그만 집에 갈래."

후루는 어지럽다고 했던 내 몸 상태가 계속 마음에 걸렸나 보다.

나는 원래 외출하지 않으려고 후루와 소통했지만 어쩔 도리가 없어서 후루의 뜻대로 외출했다. 하지만 그 소통은 처음 의도와는 달리 나와 후루에게 매우 의미 있는 일이 되었다. 결과적으로 우리는 소통을 통해 서로 타협하고 이해할 수 있게 되었고 서로의 사랑을 확인했으며 서로를 위한 희생의 의미도 깨달았다.

둘째, 부모와 자녀의 소통은 말로 하지 않아도 되며 설명은 더더욱 필요치 않다.

아이가 자랄수록 부모의 설명은 도통 안 들으려고 하고 반기만 든다며 불평하는 부모들을 자주 만난다. 나는 그런 얘기를 들을 때마다 "그럼 설명하지 마세요."라고 조언한다. 백날 설명해봐야 다 쓸모없는 짓이기 때문이다.

영화 〈네이든 X Plus Y〉의 주인공인 수학 천재 네이든Nathan은 자폐증을 앓고 있다. 그는 아빠가 교통사고로 세상을 떠난 뒤에 엄마를 이해하려고 전혀 노력하지 않았고 엄마와의 소통 경로를 모두 차단했다. 네이든은 엄마와 대화를 거의 하지 않았지만 엄마는 아들과의 소통을 절대 포기하지 않았다.

영화 내용 중에 내 마음을 울린 한 일화가 있다. 네이든이 등교할 때마다 엄마는 항상 아들의 가방을 챙겼다. 하지만 아들은 엄마가 가방을 들어주는 게 싫었다. 그런데도 엄마는 아들한테 서운한 소리를 한 마디도 하지 않았다. '네가 널 위해서 얼마나 많이 희생하는지 생각해봐……'라고 하거나 '너도 우리 관계를 위해서 노력해야 하지 않겠어?' 하는 말 대신 묵묵히 아들 곁에서 변함없이 가방만 챙겼다.

네이든은 이런 상황을 잠자코 지켜보기만 했다. 그 이후로 두 사람 사이에는 많은 일이 일어났고 마침내 엄마와 아들은 서로를 이해하게 되었다. 그러던 어느 날 네이든은 자기가 먼저 엄마한테 가방을 들어달라고 부탁했다. 아들의 말에 기뻐서 환하게 웃음을 짓는 엄마의 눈가에는 어느새 눈물이 맺혔다.

누군가의 가방을 챙기는 일은 정말로 사소한 행동이지만 거기에는 말로 표현할 수 없는 사랑과 관심이 담겨 있다. 네이든과 엄마는 말로 소통하지 않았다. 그들은 긴 시간 동안 단조로운 행동을 반복한 끝에 소통이라는 결실을 맺었다. 말을 하지 않으면 어떤가. 그들의 소통은 말로 이치를 설명하는 것보다 만 배나 더 큰 효과를 거둔 셈이다.

부모와 자녀는 굳이 말로 소통하지 않아도 괜찮다. 행동하고 희생하고 본보기가 됨으로써 사랑을 실천하는 것이 중요하다.

현대 심리학에서 동서양 선현들의 관점을 연구하여 실증한 결과에 따르면, 어떤 이치를 설명하고 그것을 상대방이 받아들이기까지 상당한 시간이 걸린다고 한다. 보통 타인의 관점을 받아들일 때 우선 고려하는 것은 상대방의 정서다. 그다음에는 상대방의 행동을, 마지막으로 상대방의 말을 살핀다. 성인도 이렇게 신중하게 타인의 생각을 받아들이는데 하물며 아이는 어떻겠는가.

루소Jean-Jacques Rousseau의 말은 더 냉정하다. 그는 사사건건 이치를 따지는 건 옹졸한 사람이나 하는 버릇이라고 했다. 진취적인 사람은 그만의 특별한 언어를 사용하며 그 언어로 타인의 마음을 움직이고 행동을 변화시킨다.

대만 작가 룽잉타이龍應台는 아들 안드레아와 주고받은 마흔여 통의 편지를 엮어서 《사랑하는 안드레아親愛的安德烈》라는 제목으로 에세이를 출간해 독자의 사랑을 많이 받았다. 이 책에서 본 룽잉타이와 안드레아의 소통에는 차원이 다른 깊이가 있었다. 이 모자는 아들의 사춘기에 둘의 사이가 차츰 멀어지고 서로 미워하게 될까 봐 편지를 주고받는 특별한 방식으로 소통하기로 약속했다. 두 사람의 편지를 읽으면 진정한 모자 관계는 생각이 달라도 자신의 입장을 고집하지 않고 너그러운 마음으로 서로를 존중하는 것임을 깨닫게 된다.

룽잉타이는 아들과 편지로 자신이 성장했던 타이난台南의 작은 어촌 마을 얘기도 하고, 진실한 사회, 풍요로운 삶, 기쁨과 슬픔이나 사람과 헤어지고 만날 때의 느낌 등 다양한 감정에 관해 생각을 나누었다. 또 그녀는 자신이 타인에게 연민을 느끼고 타인을 이해하게 된 계기, 시대의 허상을 통해 인간 본성의 핵심을 발견한 과정을 설명했다.

안드레아는 자기가 좋아하는 록 음악과 영화 이야기를 했다. 또 1960년대 히피 문화를 통해 반항했던 자신을 반성하고, 자신의 위치를 깨닫고 자기 성장의 가치를 발견한 경험을 엄마와 나누었다.

룽잉타이는 아들에게 인생에는 장기판의 졸卒처럼 전진만 있다고 가르쳤다. 한 번의 결정은 또 다른 결정의 동기가 되고 한 번의 우연은 또 다른 우연을 낳기 때문에 우연은 결코 우연이 아니라고 했다. 그러니 길을 나섰다면 뒤돌아보지 말고 반드시 끝까지 가야 한다고 조언했다.

안드레아는 엄마의 가르침에 이렇게 응수했다.

"엄마, 그거 알아요? 집은 내게 골칫거리이고 날 미치게도 만들지만 한편으로는 내가 나태해질 수 있고 나 자신을 풀어놓고 싶은 곳이기도 해요."

이런 대화만 놓고 보면 두 사람이 모자 관계라는 걸 알아차릴 수 있을까? 차라리 친구 사이라고 하면 더 수긍이 가지 않을까? 그들은 서로의 인생에 가장 깊숙한 곳까지 들어가서 가장 진실한 감정을 나누었다. 이런 시간을 가졌기에 앞으로 두 사람은 평생 연락이 끊어질 일은 없을 것이다. 그들의 소통은 그야말로 일생에서 가장 큰 행운이었다.

사랑은 좋아하는 것과 다르다. 사랑은 서로를 잘 아는 것이 아니다. 중국인은 좋아하는 사람과 아는 사람을 더 깊이 알려고 노력하지 않는 이유로 사랑하기 때문이라는 핑계를 댄다. '사랑해'라는 말 한 마디면 충분하며 상대방을 더 알려고 애쓰지 않아도 된다고 여긴다. 하지만 이는 완전히 잘못된 생각이다. 때로는 상대방을 잘 아는 게 사랑보다 훨씬 중요하고 사랑보다 한층 높은 수준의 교류다.

이전 세대의 중국 부모는 권위 의식이 강해서 자녀 앞에서 자신을 낮추는 게 쉽지 않았다.

부모는 "널 위해서야."라는 말을 입버릇처럼 하는데 사실 이 말 때문에 부모와 자녀 관계는 완전히 산산조각이 나고 만다. 하지만 이 말은 부모의 진심이다. 자신에게는 가망이 없기 때문이다. 부모는 자기가 오르지 못한 곳에 아이가 다다를 수 있을지 확신이 없고, 받아들이기 어렵지만 아이에게만 미래가 있고 자기 미래는 보이지 않는다고 생각한다.

그래서 중국 아이들은 타고난 성격이 부모의 설득 몇 마디로 바뀌지 않음을 알기에 일단 부모에게서 도망치려고 안간힘을 쓴다. 부모의 훈계에는 한계가 있고 아이를 다그칠수록 아이는 벗어나려고 발버둥을 친다. 어쩌면 아이를 다그침으로써 아이가 부모를 벗어나 스스로 설 수 있도록 하는 게 교육의 목적일지도 모르겠다.

부모와 자녀의 소통이 원만하면 좋은 점이 딱 한 가지 있다. 부모와 자녀의 관계가 단절되지 않고 계속 유지된다는 점이다. 물론 그 관계가 양쪽 다 만족할 수 있는 상태여야 하는 건 아니고 부모가 바라는 상태로 지속되어야 하는 것도 아니다. 부모와 자녀는 자녀가 원하는 모습으로 관계를 이어가야 한다.

TED(Technology, Entertainment, Design) 강연 중에 리타 피어슨Rita Pierson의 강연은 상당히 유명하다. 교육자 집안에서 사십 년 동안 교육자로 살아온 그녀는 강연에서 부모와 자녀가 관계를 형성하고 유지하는 것이 얼마나 중요한지에 대해 열변을 토했다. 그녀는 부모와 자녀의 관계에 따라 자녀의 마음이 달라질 수 있을 뿐만 아니라 자녀의 자존감이 형성된다고 주장했다.

철학자 야스퍼스Karl Theodor Jaspers의 저서 《교육이란 무엇인가Was ist Erziehung》에 이런 대목이 있다.

"교육의 본질은 한 나무가 다른 한 나무를 흔들고, 한 구름이 다른 한 구름을 밀고 나아가고, 한 영혼이 다른 한 영혼을 깨우는 것이다."

부모가 자녀 앞에서 왜 몸을 낮추어야 하는지 아는가? 야스퍼스의 비유처럼 한 사람의 성격이 다른 한 사람의 성격을 형성하고 그 사람의 성격에 영향을 미치기 때문이다. 다시 말해 부모의 성격이 아이의 성격을 형성하고 아이의 성격에 영향을 미치므로 아이의 눈높이에 맞추어야 한다는 뜻이다.

아이가 아직 어려서 깊이 소통할 수 없다고 말하지 말라. 지금 아이와 동등한 입장으로 소통하지 않으면 미래에도 소통하지 못한다. 부모와 자녀의 소통에서 가장 중요한 요소는 평등이다.

어쩌면 겨우 세 살짜리 아이한테 무능하다고 말하고 아이의 뜻밖의 행동에 깜짝 놀라는 부모가 있을지도 모른다. 부모는 자녀의 생각이 자신과 같으면 거기에서 느끼는 즐거움을 만끽하면 되고, 다르면 아이를 존중하려고 노력해야 한다. 아이의 행동을 제약해야 할 때는 규칙과 잘잘못을 따지지 말고 아이의 일을 내 일처럼 여기며 아이의 감정에 유연하게 공감해야 한다. 그러면 딱딱하게 명령하는 것보다 훨씬 긍정적인 효과가 있다.

부모는 가끔 아이와 소통할 기회를 만들기도 한다. 돈을 들여 아이를 데리고 뮤지컬을 보거나 멀리 여행을 떠나거나 교외로 나들이를 간다. 하지만 아이의 눈과 부모의 눈에 비치는 것은 분명 같은 풍경이지만 전혀 다른 의미를 지닌다.

막말로 부모는 자신이 아이에 비해 고차원이고 인지 수준이 월등하다고 우월감을 느끼지는 않을 것이다. 자녀가 훌륭한 인물이 되기만을 바라는 건 부모의 그릇된 생각이다. 아이도 한 명의 인간이다. 다만 부모보다 체구가 좀 작은 인간일 뿐이다.

아이에 대해 아는 것이 많지 않다고 불평하면 안 된다. 사실 부모도 알려고 충분히 노력하지 않았을 테니 말이다. 부모는 매 순간 정신을 차리고 아이에게 진실함을 보여야 한다. 시간이 흐르고 쌓여서 자녀와 원만하게 소통하길 바란다면 다소 비굴하게 여겨지더라도 부모의 권위를 버리고 아이를 부모와 평등하게 대하려는 노력이 필요하다. 그렇게 할 때 부모와 자녀가 평생 서로 아끼고 사랑할 수 있는 기반이 다져진다.

# 자녀는
# 노후 대비용이 아니다

노후를 대비할 목적으로 자녀를 양육해서는 안 된다. 인생을 너욱 완벽하게 하고 아이와 감정적으로 교류하기 위해 자녀를 양육한다면 우리 가정과 사회는 훨씬 건강해질 것이다.

2016년 11월, 미국 애틀랜타Atlanta에 사는 화교 모임 SNS에 이런 정보가 돌았다.

'여든한 살의 중국인 노부인이 애틀랜타 공항에서 사흘째 체류 중인데 노부인의 딸과 외손녀의 거주지가 애틀랜타라고 합니다.'

노부인은 원래 은퇴한 교사였고, 남편이 세상을 떠난 뒤에 홀로 딸을 키워 칭화대학淸華大學에 입학시키고 미국 유학도 보냈다. 노부인의 딸에게도 딸이 하나 있는데, 그녀는 이혼한 뒤에 겨우 한 살배기인 자신의 딸을 노부인에게 맡기고 양육을 부탁했다.

지금은 외손녀가 성장해서 노부인과 함께 미국으로 이민을 가서 살고 있다. 노부인은 미국에서도 딸과 외손녀를 계속 돌봤고 외손녀의 대학 학비에 쓰려고 베이징에서 한평생 살았던 옛집도 팔았다.

일단 여기까지만 봐서는 '짧은 이별'을 그린 따뜻한 가족 드라마 같은 이야기로 마무리될 듯도 하지만 아직 결말을 짐작하기는 이르다.

노부인은 모든 것을 바쳐 딸과 외손녀를 부양했지만 미국에서 딸과 외국인 사위에게 학대당하고 외손녀에게도 미움을 받았다. 사위는 노부인을 공룡이라고 욕했고 딸은 노부인에게 냉담했다. 노부인은 미국 생활 수년 동안 놀러 간 적이라고는 아시아 마트에 고작 두 번 간 게 전부였다.

가정에서 정신적 폭력을 당하면서 죽지 못해 살던 노부인은 급기야 고향으로 돌아가 생을 마감하기로 마음먹었다. 외손녀는 노부인에게 11월 6일에 출발하는 비행기 표를 사주었는데 11월 3일에 노부인을 공항에 데려다 놓고는 혼자만 훌쩍 되돌아갔다.

영어를 못하는 노부인은 공항에 체류한 지 이틀 만에 부쩍 허약해진 상태로 사람들에게 발견되었다. 그리고 다행히 어느 선량한 사람에게 도움을 받아 호텔에 하룻밤 머물고 다음 날 제시간에 비행기에 탑승했다. 나는 뉴스에서 '그러나 노부인도 알다시피 여정의 종착지에는 돌아갈 집이 없었다.'라는 마지막 한 줄을 읽고 마음이 무척 서글펐다.

예전의 뉴스에서는 자녀에게 버림받은 부모 이야기를 보도했다. 그때 몸에 종기가 난 노인이 흙집의 방 한구석에 웅크리고 앉아서 자녀와 며느리에게 왜 자기를 이리 차고 저리 차며 공 취급을 하느냐고 울며 하소연하는 장면을 본 기억이 있다.

사람들은 이런 상황이 시사 다큐 프로그램에 나오는 에피소드처럼 농촌에서나 일어날 법한 일이며, 부유하고 교육을 많이 받은 가정에서는 일어나지 않는다고 생각한다. 하지만 노부인 이야기에서 주인공인 딸은 칭화대학을 졸업하고 미국 유학까지 다녀온 엘리트인 데다가 노부인은 전직 교사다. 어머니와 딸이 모두 지식인인 가정에서 그런 비극적인 일이 벌어졌다는 사실이 참으로 황당하고 참혹하다.

그런 까닭에 학력과 교양 수준은 서로 무관하며, 지식 수준이 높은 사람이 인품도 훌륭하다고 단정할 수는 없다. 지식 수준이 높으면 사회에서는 능력을 인정받지만 가정에서는 의미가 없다. 가까운 사람들끼리는 지식 수준이 서로에게 영향을 미치지 않는다. 서로 자신의 가장 진실한 모습만 보여주면 된다. 이른바 엘리트 가정에서는 냉혹하고 폭력적이고 심지어 범죄성이 있는 사건이 얼마나 일어날까?

2009년 6월, 허페이合肥에서 아내가 박사 남편에게 잔인하게 폭행을 당해서 늑골이 부러진 사건이 있었다. 당시 경찰이 신고를 받고 출동했을 때 안타깝게도 아내는 이미 회복될 가망이 없는 상태였다.

2013년, 중국계 미국인으로 당시 마흔 살이던 여성 화학자 리톈러李天樂는 컴퓨터 엔지니어인 남편 왕샤오예王曉業와 이혼 수속을 진행하던 중에 방사성 금속인 탈륨으로 남편을 독살한 혐의를 받았다.

2015년, 난징南京에 거주하는 변호사와 기자 부부는 양아들에게 뜨거운 물을 끼얹었거나 등나무 가지로 때리고 만년필로 찌르는 등 잔혹하게 학대했다.

나는 이 사례들이 애틀랜타 노부인의 사례와 크게 다르지 않다고 본다. 사례 속의 행위들은 모두 인간이 감정을 표출하는 선을 넘어선 것이어서 평범한 애증에서 기인한 행동으로 볼 수 없으며 냉혹하고 잔인하기 이를 데 없다. 한 마디로 정서 장애가 있지 않고서는 할 수 없는 행위다.

만약 한 사람이 아직 성숙한 '인간'이 되기 전에 '재능'을 먼저 갖추고, 도덕과 양심이 몸속으로 녹아들기 전에 비범한 지식이나 기술을 먼저 습득했다면, 그 사람의 재능은 도리어 사람을 죽이는 날카로운 무기로 쓰일 것이다. 내 친구는 그런 사람을 가리켜 '금테를 두른 개똥'이라고 부른다.

패륜 행위는 비난받아 마땅하다. 하지만 공항에서 사흘을 체류했던 노부인은 모든 것을 희생하고 고생을 감내하며 딸과 외손녀를 거두었는데 하루아침에 그들이 돌변해서 '배은망덕'하게 구는 현실을 받아들이기가 무엇보다 힘들고 고통스러웠을 것이다.

바꾸어 말하면 어째서 그렇게 훌륭한 교육을 받고도 인간미가 없고 인성도 형편없는 사람이 되었나 하는 의문이 들지 않았을까? 이런 사례를 통해 부모들은 자신이 자녀를 양육하는 방식에 문제는 없는지, 또 의지할 곳 없는 사람으로 늙어가고 있진 않은지 깊이 생각해봐야 한다. 일단 적어도 두 가지 문제는 스스로에게 꼭 물어보자.

첫째, 아이의 인격과 감정 교육을 중시하는가?

아이의 지식 수준은 높은데 도덕성은 낮은 이유가 뭘까? 대만의 화가이자 작가인 장쉰蔣勳의 글에 이 의문에 대한 완벽한 해답이 있다.

"장기간 시험 위주의 교육을 실시하는 동안 학생은 진학 과목에서만 만점을 받으면 되었고 도덕성, 인격, 감정 훈련에서는 사실상 영점이었다. 시험을 봐야 하는 아이는 인간의 본성과 진정한 자아를 만날 기회가 드물었으며, 그런 욕구가 있어도 충족할 기회는 더더욱 없었을 것이다."

정말로 그랬다. 부모는 아이를 수학 올림피아드, 자격 시험, 각종 문제 풀기 등 경쟁의 장으로 내몰기만 하고, 아이에게 아름다움을 누리고 유연하게 교제하며 인성을 가꾸는 법은 가르치지 않았다.

하지만 정보화 시대에 이미 접어들어 모든 것이 눈 깜짝할 사이에 다변하는 요즘 세상에서 개개인의 감정은 더욱 부각되고 있다. 그러므로 부모는 자녀에게 물질적인 지원을 든든히 하는 동시에 인품과 덕성을 길러주는 교육도 소홀히 해서는 안 된다. 아이는 몸도 건강해야 하지만 마음이 더 건강해야 한다.

아이가 음악을 듣고, 그림을 그리고, 전시를 보고, 풍경을 감상하도록 가르치는 것은 예술가로서의 소질을 길러주기 위함이 아니다. 타인을 이해하고 타인의 감정을 공유함으로써 고무 껍데기 같은 사람이 되지 않게 하고, 사랑과 미움도 느끼지 못해서 공감 능력이 없는 무정한 사람으로 성장하지 않게 하려면 이 같은 가르침은 꼭 필요하다.

둘째, 자신의 인생을 중시하면서 이성적으로 사랑할 수 있는가?

노부인에 대한 뉴스는 소재는 단순하지만 내용이 제법 상세해서 내게 꽤 깊은 인상을 남겼다. 노부인은 한평생을 자녀 주변에서 맴돌았고 외손녀의 대학 뒷바라지를 하려고 고향의 집을 파는 바람에 타국에서 거의 빈털터리가 되었다.

중국의 부모는 '전통적인 미덕'이라는 미명 아래 무일푼이 될 때까지 자녀에게 헌신한다. 어느 부모가 자녀의 고액 유학비를 대고, 결혼

비용과 큰 도시에 마련할 주택 자금을 융통하고, 손자 손녀의 양육비로 쓰기 위해 집을 팔지 않겠는가. 하물며 외손녀의 학비는 딸이 해결해야 하는 돈인데도 말이다. 부모가 판 건 단순한 집 한 채가 아니다. 부모는 집을 팔아치움으로써 자기만의 독립적인 삶을 포기한 것이나 다름없다. 사랑은 보답을 바라지 않아야 하지만 사랑에도 방법과 분별이 있다. 균형이 깨진 사랑은 위험한 법이다.

사람은 누구나 태어나서 늙고 병들고 죽어간다. 동양이든 서양이든 모두가 이 만고불변의 법칙을 따르느라 경제, 제도, 문화 면에서 계획적인 삶을 꾸려나간다. 현대 사회에서는 국가를 막론하고 가족 구성원끼리 보험이나 투자와 같은 방식으로 생로병사에 따른 리스크에 대처하고 있다. 그러나 고대 중국에서는 '노후를 대비하기 위해 자녀를 양육한다.'는 인식이 자리 잡혀 있었다. 쉽게 말해서 효孝 문화가 바로 리스크를 관리하는 주요 대비책이었다.

유교 문화 속에서 효 문화는 그러한 이유로 생겨난 사회 윤리였다. 어떤 면에서는 가족 구성원 간에 경제 이익을 교환하는 담보도 되었다. 심지어는 자녀를 많이 낳아야 예측 불가능한 리스크를 단단히 대비할 수 있다고 여겼다.

그러나 이런 문화 유전자 때문에 아이는 성장 과정에서 독립성을 철저히 박탈당했다. 부모는 아이를 완벽하게 통제했고 아랫사람은 윗사람에게 무조건 복종하도록 가르쳤다. 그러나 자녀가 성장하면 부모는 노쇠해져서 둘의 입장이 뒤바뀐다. 즉 부모는 자녀에게 생존을 의지해야 하는 상황이 되고 그때부터 독립적으로 생존하지 못하게 된다.

중국인에게는 혈연관계라면 당연히 서로 이익을 주고받아야 한다는 생각이 깊이 뿌리박혀 있다. 이는 동양 문화의 중요한 장점이기도 하다. 그러나 현대 사회를 살아가는 우리가 혈연관계의 유대에 지나치게 의존하는 것은 사실상 퇴화다. 한편으로는 불확실한 미래 때문에 공포심이 극에 달한 데서 비롯된 의존이라고도 볼 수 있다.

사회 보장 체계가 잘 마련되어 있으면 사업상 경제적인 어려움을 처음으로 맞았을 때 만족스러운 보장을 받을 수 있다. 그렇게만 된다면 노후를 대비할 목적이 아닌, 인생을 더욱 완벽하게 하고 아이와 감정적으로 교류할 목적으로 자녀를 양육하여 우리 가정과 사회가 훨씬 건강해질 것이다.

물론 지금은 이미 많은 사람이 노후 대비책으로 자녀를 양육하면 안 된다는 걸 알고 있고, 그게 옳은 생각이다. 그런데도 부모는 때로 자녀에게 맹목적인 사랑을 주어 자신만의 시간과 공간을 남겨두지 않고 여전히 자녀에게 오롯이 바친다.

부모는 자녀에게 기대지 않고 스스로 경제를 꾸리며 생활의 자유를 누려야 한다. 인생의 희망을 평생 자기 자신에게 걸어야 하며 자아의 성장에 관심을 쏟아야 한다. 자녀를 위해 전문 육아 도우미와 상급 가사 도우미로 살면 절대 안 된다. 자기 자신을 위해 살아가는 조금은 이기적인 부모가 되어야 한다.

피는 물보다 진한 법이니 자녀가 제멋대로 하도록 내버려두어서도 안 된다.

성경 말씀에 서로 사랑하라고 했다. 진정으로 사랑해야 건강한 성격이 형성된다. 보상을 따지지 않는 게 사랑이라지만 사랑은 그 어떤 것도 가능하게 한다. 사랑은 본능이 아니라 학습이다.

부모는 자녀를 위해서, 또 자신을 위해서 바로 오늘부터 자녀의 학습 외에 자녀의 품성에도 깊은 관심을 기울이자. 더불어 자녀의 인생만 계획하지 말고 자신의 인생을 계획하는 법도 배우자.

# 치명적인 귀인 편향 :
## 가장 훌륭한 교육법은 방임이다

아이의 교육이 성공했을 때 부모와 교사는 성공의 우연한 요소를 결정적인 요소로 오인할 가능성이 있으며, 행여 아이가 실패하면 어떻게든 그 책임을 외부 요인과 아이에게 전가하려고 한다.


　　친구가 메시지를 보내왔다. 전날 모임에서 세 살 난 아이가 유아용 의자에 앉지 않으려고 고집을 부려서 애를 먹었다고 했다.

　　처음에는 "의자에 안 앉으면 넘어져."라며 아이를 타일렀다. 그래도 말을 안 듣자, 그 다음에는,

　　"의자에 앉아야 착한 아기지."라며 어르고 달랬다.

　　점점 인내심이 바닥나고 있는데, 아이가 한 술 더 떠서 울고 불며 난리를 쳤다는 것이다.

　　결국 친구가 버럭 호통을 치고 난 뒤에 상황은 진정되었지만 밥을 먹는 동안 기분이 별로였다고 했다. 친구는 요즘 아이를 키우는 데 드는 돈 걱정은 하지 않는데 교육 문제가 감당하기 벅차다며 푸념했다.

　　내가 친구에게 물었다.

"집에 가서 애랑 다시 얘기해봤어?"

친구는 대답했다.

"했지. '아가, 널 야단쳐서 엄마 마음도 아파. 엄마는 네가 밥을 먹다가 다칠까 봐 걱정이 됐어. 널 사랑하니까.'라고 말해줬어."

내가 조언했다.

"다음에는 따로 앉히지 말고 같이 앉아. 그렇게 위험하진 않을 거야. 밥을 즐겁게 먹어야지."

친구가 반박했다.

"그럴 순 없어!"

사상가 루소는 아이에게 무익하고 유해한 교육 방법으로 세 가지를 꼽았다. 즉 아이한테 이치를 따지고, 화내고, 격하게 감동하는 것이다. 그런데 안타깝게도 부모들은 오랜 세월이 흐른 지금까지 그 교육 방법들을 매우 익숙하게 사용하고 있다.

부모는 아이보다 이치에 밝아서 당연히 아이와 눈높이가 다르다. 그래서 어른들 세상에서 통하는 규칙과 논리로 아이를 교육하면 아이와 눈을 맞추고, 아이의 생각을 진심으로 이해하고, 아이의 어려움을 해결하고, 아이의 바람을 들어주기가 어렵다.

교화와 교육을 동일시하여 아이를 교화하듯이 교육하는 부모는 차라리 교육을 포기하는 편이 낫다. 그렇다면 어떻게 가르쳐야 훌륭한 교육이라고 할 수 있을까?

첫째, 아이의 희로애락에 공감한다.

세 살 미만인 아이는 인지 능력이 미숙해서 세상이 모두 제 것인 줄 알지만 현실은 부모조차도 제 힘으로 어떻게 하지 못한다. 반면 부모는 어리고 순진한 아이를 무심결에 어른의 기준대로 판단한다.

"왜 이렇게 소란을 피워?"

"괜한 일을 벌이는구나."

"변덕스럽기도 하지."

온갖 말로 아이를 타박한다.

〈드래곤 길들이기 How to Train Your Dragon〉라는 영화에서 바이킹 족장 스토이크는 무력을 써서 수많은 드래곤을 길들였다. 그러나 전설상 힘이 가장 세다고 알려진 '나이트 퓨어리'만은 도통 길들여지지 않았다. 족장의 아들 히컵은 자기도 아빠처럼 드래곤을 길들일 수 있다는 환상에 늘 빠져 살았지만 길들이기를 시도할 때마다 힘이 달려서 웃음거리만 되었다.

어느 날 히컵은 산속에서 우연히 '나이트 퓨어리'를 만났다. 처음에는 당황해서 허둥지둥했지만 자세히 보니 나이트 퓨어리는 놀랍게도 상처를 입은 어린 드래곤이었다. 그는 나이트 퓨어리가 가여웠다. 그래서 저도 모르게 드래곤 길들이기 규칙은 까맣게 잊고 나이트 퓨어리의 상처를 치료하고 같이 놀아주고 곁에서 눈물까지 흘렸다. 그랬더니 기적이 일어났다. 히컵의 진심을 느낀 나이트 퓨어리가 히컵의 가장 좋은 친구이자 호위 무사가 된 것이다. 히컵은 나이트 퓨어리에게 '투슬리스'라는 이름을 붙여주었고 둘은 늘 함께했다.

자기만의 생각과 감정으로 세상을 이해하고 느끼는 히컵, 겉은 난폭하고 흉악해 보이지만 실제로는 각별한 관심과 사랑을 갈구하는 어린 드래곤 '투슬리스', 이 둘의 모습이 바로 현실에서 마주하는 우리 아이들의 모습이다.

논리는 적당히 내려놓고 감정에 치중하자. 아이를 사랑하고 존중하는 것이야말로 아이의 보드라운 마음속으로 들어갈 수 있는 유일한 길이다.

둘째, 아이의 흥미와 기호에 맞춘다.

일본에서 박스 오피스 1위를 차지했던 〈불량소녀, 너를 응원해!〉는 사고뭉치 여고생의 반전 스토리를 그린 영화다. 주인공 사야카는 매일 야하고 짙은 화장을 하고 먹는 것에만 정신이 팔린 아이였다.

학업 성적이 겨우 초등학교 4학년 수준이어서 대학에 진학하기도 어려웠다. 그래서 사야카의 과외 선생님 쓰보타는 사야카의 심리를 역이용하는 학습 전략을 짰다.

"일본 최고의 사립 대학에는 잘생긴 남자가 많으니까 넌 그 학교를 목표로 삼도록 해."라며 사야카를 자극했던 것이다.

쓰보타 선생은 사야카가 문제를 한 개씩 틀릴 때마다 벌칙으로 사람들 앞에서 화장을 지운 민낯을 공개하도록 했다. 역사 수업은 사야카가 가장 좋아하는 만화책 《유유백서幽遊白書》의 내용을 응용하여 설명했다. 사야카가 공부를 포기하려고 하면 그는,

"한 문제도 못 맞혔지만 네 답안은 아주 창의적이야."라며 그녀를 격려했다. 이런 방식으로 공부한 사야카는 마침내 일본 최고의 사립 대학에 합격함으로써 불가능할 것만 같았던 일을 해냈다.

사야카는 곧 어른이 될 고등학생인데도 다른 사람이 자신의 취향을

맞춰주길 바랐고, 그로 말미암아 내재된 열정과 동기에 자극을 받아서 바라던 것을 이루었다. 하물며 아직 의사소통도 분명하게 하지 못하는 어린아이들은 오죽할까?

셋째, 아이의 인지 수준에 맞게 대한다.

인도 영화 〈지상의 별처럼 Taare Zameen Par〉에 나오는 여덟 살짜리 남자아이 이샨은 학교 선생님들의 골칫거리였다. 단순한 지시어도 못 알아듣고 아무 때나 멋대로 상상의 나래를 폈으며, 동작이 느려서 옷을 입는 시간이 다른 아이의 두 배나 더 걸렸다. 그런 이샨을 모두가 조롱했지만 딱 한 사람, 교사 램 니쿰브는 이샨의 불안한 정서를 이해했다. 그래서 이샨을 가르칠 때는 강화 교육과 주입식 교육을 배제하고 뭘 하든 느릿느릿 천천히 하도록 배려했다.

단어를 외우지 못하면 시간을 넉넉히 주었고 수학 계산을 하지 못하면 재촉하지 않고 해낼 때까지 기다렸다. 램은 이샨이 옷을 갈아입을 때 비명을 지르는 모습도 유심히 관찰했다. 이샨은 옷소매가 너무 좁아서 팔이 들어가지 않으면 비명을 지르곤 했다. 램은 이샨에게 단추를 푸는 법을 직접 보여주면서 이샨이 한눈팔지 않고 옷을 갈아입는 데 집중하도록 계속 눈을 맞추었다. 이샨의 행동은 늘 그렇듯이 굼떴다.

영화의 마지막 부분에 이르면 이샨이 원래 천재여서 보통 아이들과 행동이 달랐음이 밝혀지고 모든 사람이 뒤늦게 그 사실을 알게 된다. 이샨이 평온하고 찬연한 풍경을 화폭에 그려내면 이를 지켜보던 사람들은 모두 눈물을 흘렸다. 마치 시들어 생기를 잃은 꽃송이가 새로 피어나서 빛을 뿌리는 것 같은 감동을 느낀 것이다.

아이들이 창밖을 뚫어지게 바라보는 이유는 새들이 지저귀는 소리를 듣기 위해서고, 망나니처럼 뛰어다니는 이유는 바람의 속도와 온도를 느끼고 싶어서고, 시키는 대로 그림을 그리지 않는 이유는 선을 그리며 자유로움을 만끽하고 싶기 때문이다.

아이들은 각자 세상에 하나밖에 없는 별이다. 그러나 부모가 교육에 집착하면 아이는 무자비한 제약과 굴레에 갇히고 환하던 빛을 서서히 잃어서 결국엔 어른들의 세상에서 평범하게 살아가게 된다.

나의 아들 후루는 요즘 아이패드에 푹 빠져 있다. 사용을 자제하라고 몇 번이나 타일러도 말을 듣지 않아서 이제는 마음을 비우고 그냥 받아들이기로 했다. 이게 바로 시대의 특징이 아닌가 싶다.

요즘 아이들의 생활은 대부분 전자제품과 워낙 밀착되어 있어서 전자제품이라는 형식에 거부감을 느끼기보다는 그것을 통해 아이가 무엇을 얻을 수 있는지를 중요하게 따져보는 게 낫다. 그래서 나는 볼 만한 애니메이션, 동요, 영어 학습 애플리케이션을 아이패드에 다운로드해서 아이에게 보여준다.

그렇게 시간이 꽤 흐르고 나니 아이패드로 영어를 공부하는 게 뜻밖에도 후루의 취미가 되었다. 영어를 잘하려고 일부러 노력하지 않았는데도 무료 영어 동화를 꾸준히 본 덕분에 후루는 Africa, sunshine, friends 등과 같은 단어를 자주 입에서 툭툭 내뱉었다.

사용 초기에 내가 그랬던 것처럼 아이패드를 자주 보지 못하게 잔소리하고 '톰과 제리' 게임도 못 하게 말리면 보나마나 아이는 오히려 아이패드에 더 집착해서 손에 꼭 쥐고 놓지 않는다. 일단 아이패드를 손에 넣으면 계속 가지고 놀고 싶고 다시 빼앗기기 싫어서 품에 안고 살았을 것이다.

**교육은 아이의 과업이 아니라 부모의 수행修行이다.** 사랑은 본능이지만 그보다 차원이 높은 사랑은 자아 성장을 영원히 계속하는 것이다.

부모는 가정에서 자녀를 교육하면서 종종 귀인 편향歸因偏向. Attribution Bias이라는 함정에 빠진다. 즉 왜곡된 어떤 정보를 정확한 정보라고 오인하는 것이다. 이런 경향은 수많은 가정 교육과 학교 교육 현장에서 어김없이 나타나는 심리 반응이다. 인지 과정의 한계이기도 하고 경우에 따라서는 사람들의 교육 동기가 저마다 달라서 나타나기도 한다.

일찍이 세계 심리학계에서 연구한 결과에 따르면, 아이의 교육이 성공했을 때 부모와 교사는 성공의 우연한 요소를 결정적인 요소로 오인할 가능성이 있으며, 행여 아이가 실패하면 어떻게든 그 책임을 외부 요인과 아이에게 돌린다고 한다.

이런 경향이 바로 행위자와 관찰자 사이의 귀인 편향이다. 즉 동일한 행위를 두고 행위자와 관찰자가 주장하는 귀인이 서로 다른 것이다. 막무가내 개구쟁이 아이와 경솔하게 소리부터 버럭 지르는 부모가 서로 대립하는 이유도 바로 귀인 편향 때문이다. 부모는 귀인 편향에서 벗어나야만 효과적으로 자녀를 교육하고 자녀와 정확하게 소통할 수 있다. 때로는 제약이 많을수록 귀인 편향이 심해지므로 아이의 본성을 존중해야 한다.

부모는 아이의 바람은 물론이고 아이의 능력도 존중해야 한다. 언젠가 아이의 중요한 문제를 작은 지혜로 해결하고, 가랑비가 옷을 적시듯이 아이의 마음을 움직이고, 상황에 맞게 적절히 아이를 이끌어주고, 아이의 감정에 공감하고 존중할 줄 알게 된다면 별도의 교육을 하지 않는 것이 사실상 최고의 교육임을 깨달을 것이다.

# 인생 비즈니스 모델 4

## 아름답고 풍요로운 인생이란?

# 예술은 과학 기술의 일면 :
## 상상력과 영감으로 인공지능 시대에 대응하자

시대는 변했고 미래는 이미 우리 곁에 와 있다. 인간은 예술과 아름다움을 부단히 창조하고 발전시켜야만 '잉여인간'으로 전락하지 않는다.

아나이스 마르탱Anais Martane, 그녀는 유명 배우 류예劉燁의 아내로 대중에게 익히 알려진 인물이다. 2009년에 류예와 아나이스가 결혼했을 때 언론 매체마다 류예와 그의 옛 연인 셰나謝娜의 러브 스토리를 재조명하며 '아나이스는 행복한 여자'라고 입을 모았다. 그리고 지금까지도 모든 사람이 "아나이스와 결혼한 류예는 전생에 우주를 구했나 보다."라고 말할 정도로 진심으로 축복하고 있다.

중국 연예인 가족을 통틀어서 아나이스만큼 독립적인 사람이 없다. 류예는 아나이스의 생일 선물로 BMW 자동차를 구입했지만 그녀는 골목길을 자유롭게 돌아다니기에는 자전거가 훨씬 편하다며 류예에게 말했다.

"BMW 때문에 내게 자유로움을 선물한 친구 같은 자전거를 멀리

하고 싶진 않아요."

류예는 아나이스를 알기 전까지 밤마다 불면증에 시달렸다. 밤낮으로 드라마를 찍느라 쉬지도 못하는 고된 생활을 이어가는 그에게 아나이스는 단호하게 말했다.

"휴식이 필요해요. 일상생활도 하고 휴가도 가야죠."

그래서 아나이스는 류예를 데리고 그를 알아보는 사람이 없는 파리로 갔다. 그곳에서 연극도 보고 빈둥거리며 돌아다니고 교외로 나가 자연도 즐겼다.

연예인은 모두 굉장한 포커페이스다. 바늘로 찔러도 피 한 방울 나오지 않을 것 같고, 걱정이 있어도 미소를 잃지 않고, 불안할 때는 오히려 더 강한 척한다.

사람들은 자기 배우자가 성공하려고 앞만 보고 내달릴 때 아나이스가 류예에게 한 이 말을 되새기라고 하곤 한다.

"어렸을 때 당신 식구들은 소파만큼 작은 집에서 다닥다닥 붙어 지냈잖아요. 지금 형편이 아무리 나쁘다고 해도 그때보다는 훨씬 나으니까 걱정하지 말아요. 이걸로 충분해요."

류예는 아나이스가 그의 신神이라고 했다.

지금까지 한 이야기는 내가 아나이스를 인터뷰하기 전에 이미 알고 있던 사실이다. 그런데 아나이스는 인터뷰하는 내내 돈과 류예 얘기를 많이 다루지 않았으면 한다고 했다. 그녀가 겸연쩍게 웃으며 낮은 목소리로 말했다.

"유명한 스타와 인터뷰를 많이 해봐서 잘 아시겠지만 이 연예계가…… 연예인의 걱정은 대중과 멀어지는 거예요. 파리 속담에 '부자의 걱정은 듣기도 싫다.'라는 말이 있거든요. 우린 대중 덕분에 이미 많은 걸 얻었으니까 그 때문에 어려운 일이 생기더라도 기꺼이 감당해야죠."

많은 사람이 류예를 사랑한다. 특히 그의 환하고 빛나는 모습을 사랑한다. 하지만 아나이스는 류예의 아픔과 슬픔을 사랑한다.

"우리가 안 지 얼마 안 됐을 때였는데 길을 건너다가 팬들을 만났어요. 난 스치는 바람처럼 휙 지나칠 수 있었지만…… 류예는 그럴 수 없다고 했어요. 참 신기했죠. 거리에서 누군가가 우리를 알아보다니, 새로운 경험이었어요. 그때 바로 깨달았어요. '아, 자유가 없는 삶이란 바로 이런 거구나' 하고요. 생각해보세요. 길에 원숭이 한 마리가 나타나면 사람들이 '저기 원숭이다!' 하고 외치잖아요. 그 원숭이가 바로 류예예요."

아나이스의 친정은 예술가 집안이다. 아버지는 팬터마임 배우이자 건축가, 오빠들은 화가, 언니는 배우다. 아나이스의 부모는 그녀가 생후 6개월이 되었을 때부터 그녀를 아기 바구니에 눕혀서 극장에 데리고 다녔다. 아기 아나이스는 전혀 울지도 않고 떼를 쓰지도 않았다. 마치 그때 이미 은연중에 자신의 앞날을 예상한 듯이 순하게 있었다.

아나이스의 숙부가 설립한 니스Nice현대예술센터는 그녀의 놀이터였다. 오빠들은 소년 시절부터 그림에서 놀랄 만큼 천부적인 재능을 발휘했다. 그래서 그녀는 어릴 때 오빠들끼리 서로 초상화를 그려주는 모습을 자주 보았다. 그때부터 아나이스는 꽤 오랫동안 집 안 벽에 걸린 한 그림이 오빠의 자화상인 줄로만 알았다. 그런데 어느 날 무심코 책을 뒤적이다가 그 그림이 피카소의 자화상임을 뒤늦게 알았다. 그녀는 류예와 연애하던 시절에 이 재미있는 일화를 그에게 들려주면서 그와 함께 루브르에 가서 피카소의 자화상 원화를 감상하기도 했다.

젊은 시절에 아나이스는 철학과 예술과 영화를 지독하게 사랑했는데 한번은 이런 일이 있었다고 했다.

"죄수 한 무리가 족쇄와 수갑에 몸이 묶인 채로 동굴에서 살았어요. 그 죄수들은 평생 땅 위로 오가는 사람들의 그림자를 멀찍이서 바라만 봤기 때문에 그게 세상의 실제 모습이라고 생각했어요."

철학 수업에서 선생님이 플라톤Plato의 '동굴의 비유'를 이렇게 설명하고는 학생들에게 "에밀 쿠스트리차Emir Kusturica 감독의 영화 〈언더그라운드Underground〉를 본 사람 있어요?" 하고 질문을 던진 것이다. 이때 아나이스가 흥분해서 손을 번쩍 들었고 선생님은 반색하며 말을 이었다.

"좋아요. 이 영화의 내용과 동굴의 비유는 결국 같은 이야기예요."

〈언더그라운드〉는 아나이스와 류예가 가장 사랑하는 영화다. 두 사람이 연애 시절에 가장 자주 했던 일이 영화 감상인데, 그중에서 〈언더그라운드〉는 수도 없이 보고 또 봤던 작품이다.

아나이스가 내게 말했다.

"사람들이 저더러 우리 애들 노아Noah와 니나Nina를 잘 교육시켰다고 그러더군요. 전 좀 놀랍고 부끄러워요. 그래서 전 '아, 아니에요, 그게…… 일단 애들이 마흔 살이 되면 그때 다시 얘기하죠.'라며 말을 돌려요."

아나이스가 덧붙였다.

"사람들은 보통 어떤 대상의 편집된 일부만 보고 그 대상을 칭송하거든요. 지금 우리 눈에 보이는 세상도 참모습이 아니라 편집된 단편일 뿐이고요."

그녀는 소설《어린 왕자Le Petit Prince》도 좋아하는데 특히 왕이 한 말을 좋아한다고 했다.

"네 자신을 스스로 심판할 수 있다면 넌 아주 지혜로운 사람이란다."

아나이스는 어째서 유혹에 흔들리지 않고 물욕을 부리지 않을까? 모든 예술 교육에는 독립적으로 사고하고 성찰하고 자아 성장하는 과정이 더해지기 때문이다.

아나이스는 갖가지 유혹에서 자유로울 만큼 독립적이고 투명하고 모나지 않고 온화하다. 어린 시절에 그녀의 주변을 가득 채웠던 예술의 흔적들은 그녀를 성장시켰고 인도했고 구원했다. 그래서 그녀에게 예술은 명화, 명곡, 유명 건축물이 아니라 평범하고 사소한 일상과 세계관이다.

아나이스가 예전에 "류예와의 결혼은 많은 고민 끝에 내린 결정이었어요."라고 한 적이 있는데, 이 말은 사람들 입에 오르내려서 꽤 유명해졌다. 그녀가 그렇게 말한 데에는 이유가 있었다. 프랑스 국적 유대인인 그녀가 류예와 결혼한다는 것은 완전히 다른 새로운 가치관을 받아들이는 것이었기 때문이다. 이를테면 류예가 번 돈을 그의 부모님과 누나의 집과 차를 사는 데 보태는 일, 부모님과 한 집에 사는 것, 남성우월주의가 깔린 '음양陰陽의 조화', 중국식 술자리 사교 문화 등을 받아들여야 했던 것이다. 아나이스가 웃으며 말했다.

"원래 중국 문화가 '밥 먹었니?' 하고 묻는 말을 '사랑해.'와 같은 말로 여길 만큼 지나치게 함축적이잖아요."

그러나 아나이스는 결국 두 문화 사이의 균형점을 완벽히 찾아냈다. 그녀가 말했다.

"사실 중국 문화는 유대교와 상당히 비슷해요. 그래서 중국의 다양한 전통, 모든 의식, 여러 전승된 것들에 반해버렸죠. 오죽하면 제가 류예한테 치파오旗袍를 입고 꽃가마를 타는 중국식 결혼식을 하자고 했겠어요. 결혼식에서 중국식으로 화로도 넘고 화살도 쏘고 싶었다니까요."

여자로서 아나이스는 어떤 지혜를 갖췄을까? 그녀는 진심으로 마음을 활짝 열어서 모든 것을 받아들이고 품는다. 그녀에게 타협은 관용이고 허용은 포상이다. 두 아이가 사람들의 구경거리가 되는 게 불편했던 그녀가 "얘들아, 이건 너희와 아빠의 여행이야. 우린 아빠를 위해서 여행을 해야 하고 아빠는 여행을 다녀오면 앞으로 훨씬 자유로워질 거야."라는 말로 아이들을 설득해서 〈화양예예花樣爺爺〉(중국판 〈꽃보다 할배〉-역주) 제작팀과 함께 그녀의 고향 니스로 촬영하러 갔던 것처럼 말이다.

그녀는 사랑할 때도 늘 자비로웠다.

아나이스는 원래 사진작가였다. 류예를 만나기 전에 789 예술 거리에서 전시회를 한 적도 있지만 두 아이에게는 그림을 가르치지 않았다.

"난 만능 부모도 아니고 예술을 일부러 가르치기도 싫어. 예술은 생활이고 주변 어디에서나 접할 수 있어. 일단 스스로 먼저 느껴봐야 해. 느끼고 나서 배우고 싶으면 엄마한테 말해, 알았지? 엄마가 선생님을 소개해줄게."

아이들에게 그림을 가르치지 않은 이유가 이 말 속에 담겨 있다.

그녀는 요즘 작은 예술 공방을 차리고 그곳에서 소규모로 아이들과 함께 예술을 공부한다. 공방은 프랑스식으로 운영하지만 실내에 한약방의 약재 서랍 같은 나무 수납장을 두고 거기에 아이들의 이름을 작은 글씨로 적어놓았다. 또 1970년대 재봉틀도 믹스 매치하여 독특한 분위기를 연출했다.

아나이스의 공방 수업에는 그림을 열렬히 좋아하는 아이만 참여할 수 있다. 조금이라도 머뭇거리는 모습을 보이는 아이는 완곡하게 거절당하고 집으로 돌아간다. 선생님들은 참여한 아이들을 팀으로 나누어 수업을 진행한다. 4~7세반은 명화를 주로 감상한다. 예를 들어 선생님이 구스타프 클림트Gustav Klimt의 〈자작나무 숲Birkenwald〉을 보여주고 그림의 질감, 나뭇잎 모양, 가을 빛깔을 설명하면 아이들이 자기만의 방식으로 가을을 그림으로 표현한다.

8~15세반은 기본적인 테크닉을 하나씩 배운다. 이를테면 히에로니무스 보스Hieronymus Bosch의 초현실적인 그림처럼 실존하는 대상을 스케치하는 것부터 시작하여 허구의 장면으로 다양한 동물의 신체를 표현하는 단계까지 배우며 창작 그림을 스스로 완성한다.

공방에서는 다양한 예술 파티도 열린다. 예컨대 18세기 프랑스의 마지막 여왕의 모자를 주제로 하여 '베르사유 모자 파티'가 열리면 아이들은 과일, 바다, 계절 등 자기가 사용할 소재를 골라서 사람들의 눈길을 끌 만한 모자를 만든다.

아나이스가 말했다.

"아이들이 예술을 이해할 줄만 알면 돼요. 그게 아이들에게는 가장 큰 수확이거든요. 테크닉이 완벽하면 최고로 훌륭한 기술자는 될 수 있지만 예술가라고 할 수는 없어요. 예술가는 반드시 세상을 느끼고 자신을 표현해야 하니까요. 그러려면 관찰을 많이 해야 하고 감정도 풍부해야 하고 표현력이 넘쳐야 해요."

아나이스는 여가가 생기면 예술 보급 활동에도 폭넓게 참여한다. 오디오북 《어린 왕자》 녹음에 참여한 적도 있고, 중신中信아동도서 출판사의 소개로 프랑스의 25년간 베스트셀러 《DADA 세계 예술 계몽 시리즈DADA 全球藝術啟蒙系列》 홍보 활동도 했다.

아나이스와 류예는 해마다 아이들을 데리고 허베이河北에 있는 양로원에 봉사하러 간다. 그녀는 예술 감각이 삶에 미치는 긍정적인 영향을 똑똑히 알고 있었다.

"살림이 궁핍한 두 가정이 있었는데 한 가정은 정신적으로도 무너져서 모든 일에 관심이 없고 집 안은 점점 쓰레기장으로 변해갔어요. 반면에 다른 한 가정은 낡은 초롱을 깨끗이 닦아서 얌전히 걸어놓고 주방도 깔끔하게 정리 정돈하고 명절에는 싸구려 와인도 한 병 따고…… 그랬더니 이 가정은 날이 갈수록 점점 형편이 풀렸어요."

아나이스는 예술 활동을 하면서 가장 좋은 점이 '의식'이라고 했다.

"요즘 중국 아이들은 뭐든 웬만하다 싶으면 만족하는 편이지만 난 그 점이 참 유감스러워요. 내 나이 또래는 어릴 때 연극을 보러 가면 부모님이 항상 '오늘은 옷을 단정히 입어.'라고 말씀하셨죠. 유대교 기념일에는 매번 사소한 부분까지 엄격하게 하셨고요. 부모님의 이런 가르침은 모두 시간을 허투루 쓰지 말고 인생을 소중히 여기라는 뜻이었어요."

"의식이 없으면 아름답지가 않아요. 인생에서 뭘 얻게 될지도 모르겠고요."

아나이스는 이런 말들을 할 자격이 있다. 그녀 자신이 자기 인생의 증인이고, 영향력이 있는 사람들의 인생을 예술로 성숙시키는 데 보탬이 되었기 때문이다. 마치 그릇에 담긴 물, 대지를 가르는 바람, 시를 끝맺음하는 구두점처럼 꼭 있어야 할 곳에서 예술가로서 제 본분을 다했다.

예술은 아나이스와 그녀 가족의 인생을 완성시켰다.

예술의 가치는 또 있다. 우선《호모데우스 : 미래의 역사Homo Deus: A Brief History of Tomorrow》와《인공지능 시대智能时代》에 반복해서 나오는 '잉여인간'이라는 개념에 주목하자. '잉여인간'이란 미래의 인공지능 사회에서 평범한 사람이 할 일을 인공지능이 대체하고 인공지능이 점차 발달하여 사람에게 이익과 우려를 동시에 안겨 주는 데에서 비롯된 개념이다.

그렇다면 잉여인간이나 의사, 운전사, 교사, 서비스 종사자 등 미래에 인공지능으로 대체될 대다수의 업종에 종사하는 사람들이 인류가 창조한 스마트 테크놀로지로부터 자신의 역할을 지키려면 어떻게 해야 할까? 아나이스가 지나온 인생 여정에 그 해답이 있다. 예술은 상상력과 영감을 바탕으로 새로움을 창조하는 분야이므로 예술로 인공지능 시대를 대비하면 충분히 가능성이 있다고 본다.

'알파고'가 바둑 세계 챔피언을 가뿐하게 이기고, 무인 자동차가 도시 중심가를 쌩쌩 달리고, 인공지능이 거장을 모방한 음악을 만드는 게 현실이라고 해도 바둑과 자동차를 발명하고 음악이라는 위대한 예술을 창조하는 일은 인공지능이 대체할 수 없다. 그리고 아직까지는 인공지능이 예술과 아름다움과 사랑을 표현하지 못한다. 인공지능이 논리적 사고를 하는 인간의 좌뇌 기능을 이미 초월한 것은 사실이지만 다양성과 관련이 있는 우뇌를 모방하고 초월하는 단계에 이르기는 쉽지 않다.

시대는 변했고 미래는 이미 우리 곁에 와 있다. 복잡성과 다양성은 예술의 핵심이다. 예술과 아름다움을 부단히 창조하고 발전시켜야만 이른바 '잉여인간'으로 전락하지 않고 아나이스처럼 아름답고 풍요로운 예술 인생을 살아갈 수 있다.

한 여자로서 어떤 남자를 만나서 결혼할지는 인생에서 가장 중요한 문제가 아니다. 어떤 인간이 되어 어떤 방법으로 평생 살아갈 것인지가 가장 중요하다. 나는 아나이스 마르탱을 떠올리면 딱 이 한 마디만 생각난다.

"고마워요. 당신이란 여자가 이 세상을 더욱 아름답게 만들었어요."
여자에게는 이런 말도 의미가 있고 영광스럽지 않을까.

# 디테일은 자본이다 :
## 삶의 질이 다른 비결

디테일을 알아보는 감각이 없으면 디테일을 성공과 실패를 가르는 요소로 활용하지 못한다. 만약 핵심적인 디테일을 찾아내지 못하면 아무리 중요한 디테일이라도 쓸모가 없어진다.

봄은 감성적인 계절이다. 만물이 소생하고 정원의 꽃들이 하룻밤 사이에 활짝 피어나는 봄이 되면 나는 늘 감성적이고 아름다운 주제로 대화를 나누고 싶다. 봄이라는 계절에는 삶에 충실한 사람들이 모두 삶의 지혜를 깨닫고 정취를 느끼는 '생활인'이 되기 때문이다.

1974년 봄, 닉슨Richard Milhous Nixon이 대통령직을 사임했을 때, 마사 스튜어트Martha Stewart라는 여자는 '워터게이트Watergate 사건'이 뭔지도 몰랐고 오로지 자기 집 인테리어를 꾸미느라 분주했다.

마사는 모델로서도 실패하고 월 스트리트의 주식 중개인으로도 성공하지 못했다. 결국 그녀와 남편은 농가 근처 교외에 낡은 집 한 채를 구입했다. 대출을 받아서 집값을 지불한 마사는 헌 집을 직접 보수하기로 마음먹었다. 잡초를 제거하고, 담장을 칠하고, 파이프를 놓는 등 모든 작업을 손수 했다. 한정된 예산으로 미적 감각을 최대한 발휘하여 꽃과 풀을 가꾸며 아기자기하게 꾸미고 디테일도 꽤 신경 썼다.

훗날 마사 스튜어트는 미국 중산층 가정의 라이프스타일을 완전히 바꾸어놓은 여성이자 우아한 삶의 대명사가 되었다. 현재 미국 가정에서는 이른 아침이면 마사 브랜드 잠옷을 입고 마사 선물 세트의 녹차를 마시며 TV 프로그램 〈마사 스튜어트 리빙 Martha Stewart Living〉을 시청하는 광경을 흔히 볼 수 있다.

사업에 완전히 실패한 듯 보였던 여성이 자신의 라이프스타일을 고수함으로써 오히려 성공의 길에 들어서게 된 이유는 무엇일까?

주방, 파티, 간식 마니아인 마사는 '완벽한 주부'라는 슬로건을 내걸고 창의적인 사업을 시작했다. 즉 고급 레스토랑에 가지 않고 가정에서 완벽한 파티를 준비할 수 있도록 주문 요리 서비스를 제공한 것이다. 그녀는 자기 집 주방에서 평소 사용하던 각종 주방 도구로 요리를 만들고 음식을 데울 오븐과 식탁보까지 준비하여 고객을 위한 DIY 파티 상차림을 완성했다.

햇살이 비치는 잔디밭 식탁 위에 음식이 담긴 접시들이 정갈하게 놓여 있고, 그 주변을 죽 둘러싼 손님들 가운데 롱스커트를 입은 여성들이 미식과 음악과 화초를 주제로 이야기꽃을 피우며 여유를 즐기는 생활, 이는 일 스트레스에 억눌린 많은 여성이 꿈꾸는 세상이다. 마사는 이를 구현하여 여성들이 대리 만족을 느끼게 했다.

여기에서 주목할 점은, 그녀가 손수 만든 파이는 유기농 재료를 사용하고 포장을 꼼꼼하고 화려하게 하여 명품 옷가게 옆에서 1개당 20

달러에 팔려 나갈 정도로 훌륭했다는 것이다.

마사는 집 꾸미기, 설계, 꽃꽂이에 매료되어 있던 터라 잡지 〈베터 홈 앤 가든Better Home and Gardens〉에 꽃꽂이에 관한 칼럼도 기재하고 TV 프로그램도 촬영했다. 집 안 정원을 유유히 거닐며 방송 카메라의 렌즈를 쳐다보고 "날씨가 서늘해져서 밤사이에 첫 번째 이슬이 꽃잎에 떨어지면 장미를 가지치기해야 합니다."라고 말하는 식이었다.

이렇게 촬영한 프로그램은 미국 전역에 있는 백여 개 방송국을 통해 방영되었다. 방송국 사장들은 개인 정원이 없는 가정의 주부들이 무슨 이유로 장미 가지치기 요령을 배우려고 열광하는지 아리송하게 여겼다고 한다.

마사는 사람들에게 사업가로 평가받았다. 미국에서 두 번째로 돈이 많은 중년 여성으로 성공을 이룬 그녀의 영향력은 영국의 엘리자베스 2세 여왕에 버금갔다. 하지만 나는 그녀가 미국 드라마 〈위기의 주부들Desperate Housewives〉에 나오는 살림의 여왕 브리 반 드 캠프Bree Van De Kamp의 현실판 같고 소시민이 열광하는 모든 유명 브랜드의 종합 버전이자 삶의 태도가 적극적인 품위의 여왕처럼 보였다.

마사가 성공한 이유는 노동자 주택가에서 자란 그녀가 자신이 꿈꾸던 이상적인 삶을 가감 없이 생생하게 대중에게 공개했기 때문이다.

1970년대 미국은 유가 상승, 통화 팽창, 실업자 증가로 경제 상황이 어렵던 시대여서 생계를 유지하려면 아내와 어머니까지 노동 현장에 몸을 던져야 했다. 당시의 미국 여성들은 오늘날의 중국 여성처럼 좋은 아내, 훌륭한 어머니, 성실한 직원 역할 사이에서 갈등하거나 셋

중 하나를 선택하거나 셋의 균형을 맞추려고 혼신의 힘을 다했다.

당시 사람들의 실제 생활 모습은 현재 중국인이 살아가는 모습과 판에 박은 듯 똑같았다. 주부는 러시아워를 피하기 위해 잠이 덜 깬 게슴츠레한 눈으로 일어나 화장하고 출근 준비를 한다. 남편은 잠시 뒤에 있을 회의를 생각하며 자동차 열쇠를 찾느라 여기저기를 뒤적거리고, 아이는 간신히 잠에서 깨어 화장실로 가는 도중에 바지에 실례를 하고 마는 풍경이다. 그러나 마사가 출간한 책《엔터테이닝Entertaining》에는 이와 판이한 장면이 담겨 있었다. 아침 식사 메뉴가 뭐든지 간에 식탁 한가운데에는 정성껏 다듬어 장식한 싱싱한 꽃이 놓여 있다.

나는 마사가 어떤 마인드로 삶을 대하는지 종종 생각해보곤 한다. 그녀는 살면서 어떤 상황을 맞닥뜨리더라도 한결같이 사람들에게 서재를 멋스럽게 꾸미는 법, 몸매 가꾸는 계획 짜기, 아름다운 결혼식 설계에 관한 노하우를 가르쳐주었다. 집 안을 가꾸고 꾸미는 즐거움을 그렇게 스스로 만들어간 것이다. 마사의 두 손에는 굳은살과 상처가 하도 많아서 부잣집 사모님은커녕 영락없는 농사꾼의 손 같다. 그녀는 그렇게 거친 두 손으로 부지런히 자신의 삶을 일구었다.

마사는 품격 있는 삶을 추구하는 동안 지치지도 포기하지도 않았다. 입가에는 달콤한 미소가 번졌고, 목소리는 부드럽고 나지막했으며, 몸에는 아마포로 만든 옷을 걸쳤고, 연한 파스텔 톤 조명이 그녀의 공간을 비추었다. 이 모든 것은 여자라면 누구나 평생 바라 마지않는 인생의 한 장면이다.

언젠가 영화 〈줄리 앤 줄리아Julie & Julia〉를 보았다. 개발 회사에서 일하는 주인공 줄리 파월Julie Powell은 늘 일에 재미를 느끼지 못하고 의기소침했다. 그런 그녀가 어느 날 문득 새로운 결심을 한다. 미국에서 최고의 인기를 누리는 TV 스타 셰프 줄리아 차일드Julia Child의 첫 번째 요리책《프랑스 요리 예술 마스터하기Mastering the Art of French Cooking》에 나오는 524가지 요리를 일 년 동안 만들어서 매일 블로그에 올리는 프로젝트를 시작하기로 한 것이다. 회사 업무 스트레스는 심했지만 이 소일거리는 그녀에게 최고의 휴식이었다.

이때 영화는 장면이 전환되어 줄리아 차일드의 삶을 조명한다. 줄리아는 미국 해외 공보처USIA 직원인 남편 폴Paul을 따라 1948년에 프랑스 파리에 거주하며 요리를 배웠다. 그리고 10년 동안 고생한 끝에 두께가 700여 페이지에 달하는 요리책《프랑스 요리 예술 마스터하기》를 출간했다. 폴의 정치 인생은 기복이 심했지만 줄리아는 온화하고 차분하게 요리에 집중했고 부부는 모든 암담한 현실과 변덕스러운 운명에 맞서며 성실히 삶을 꾸려갔다.

영화 전반에서 상당히 눈길을 끄는 장면이 있는데, 진주목걸이를 한 줄리아가 머리카락 한 올조차 움직이지 않고 주방에서 요리에 집중하는 광경이다. 그녀는 코르동 블루Cordon Bleu 자격을 따기 위해 양파를 써는 연습을 하는데, 눈물을 줄줄 흘리면서도 악착같이 칼을 놓지 않고 양파가 산을 이룰 때까지 썰고 또 썰었다. 나는 이런 그녀가 무척 존경스러웠다. 부드러우면서도 엄격한 삶의 태도와 아름답고 품격 있는 삶을 추구하는 자세야말로 가치 있는 인생이라는 생각이 들었다.

어릴 때 나는 작가, 화가, 예술가 등 다양한 분야에 종사하는 '사람'

이 되는 꿈을 꾸었다. 그러나 지금 내가 가장 되고 싶은 건 삶의 지혜를 깨닫고 정취를 느끼는 '생활인'이다. 나는 스물 몇 살 된 무명의 마사 스튜어트가 현재 중국에서 살고 있다면 그녀의 삶이 어떨지 가끔 상상해보았다.

내 상상 속의 그녀는 새벽 여섯 시에 일어나서 지난밤에 볶아두었던 커피 원두와 파이로 유명 카페의 모닝 메뉴보다 훨씬 훌륭한 아침 식사를 간단히 해결한다. 날마다 입는 유니폼에는 새로 장만한 브로치를 세련되게 달고 헤어는 한창 유행하는 스타일로 변신한다. 차가 막힐 때는 스마트폰 앱을 열어서 경음악과 라디오를 듣고 점심 휴식 시간에 여유가 있으면 인기 작가의 신간을 읽는다. 애프터눈 티 시간에는 집에서 가져온 장미차와 에그 타르트를 즐기고, 사무실 책상에는 잎이 파릇파릇한 식물을 새로 올려둔다. 이렇게 생활한다면 당월 실적이 떨어져도 마음이 그다지 초조하지 않진 않을까?

누구나 바쁘게 생활하고 있지만 그런 삶이 전혀 답답하지 않은 사람도 있다. 우리는 품위 있게 살려면 시간과 돈이 있고 형편이 맞아야 한다고 생각하면서도 삶의 미학이 바로 눈앞과 디테일에 있다는 점은 종종 간과한다.

웨이보에서 미슐랭Michelin 스타를 받은 오성급 호텔 레스토랑의 새로운 메뉴를 공유하는 것도 품위가 있다고 할 수 있지만 영화 〈줄리 앤 줄리아〉를 보고 뵈프 부르기뇽Boeuf Bourguignon, 프랑스식 소고기 찜 요리을 배우는 것도 품위 있는 삶이다. 순종 러시아 목양견을 소유하는 것도 품위가 있고 목양견과 주말을 함께 보내는 것도 품위가 있다. 또 결혼

예물로 까르띠에 한정판 다이아몬드 반지를 사는 것도 품위가 있고 사랑하는 사람에게 달아줄 코르사주를 직접 디자인해서 만드는 것도 품위가 넘친다.

사람들은 삶이 팍팍하고 초라하면 원래 중요한 일들을 중요하지 않다고 여긴다. 그런 까닭에 요즘은 디테일의 가치가 부쩍 부각되고 있다. 사람들이 중요하지 않게 여기던 디테일에는 인지와 행동의 자본이 어마어마하게 많이 숨어 있는데, 평범한 삶과 특별한 삶의 본질적 차이가 바로 여기에 있다.

인간과 침팬지의 유전자는 대략 0.01%밖에 차이 나지 않는다. 0.01은 논리상 아주 작은 수치지만 이 차이에는 엄청난 양의 진화 자본이 내포되어 있다. 단순히 수치로만 비교하면 침팬지와 사람의 차이가 없는 것으로 오인할 수 있다.

디테일은 자본이며, 삶의 질의 차이는 곧 디테일 자본의 차이다. 디테일을 알아보는 감각이 없으면 디테일을 성공과 실패를 가르는 요소로 활용하지 못한다. 만약 핵심적인 디테일을 찾아내지 못하면 아무리 중요한 디테일이라도 쓸모가 없어진다.

"전 행운아가 아니에요. 그래서 행복하고 아름다운 삶이 더욱 간절했죠. 스스로 인생을 가꾸지 않으면 내게 그런 삶을 안겨줄 사람이 없다는 걸 전 일찍 깨달았을 뿐이에요."

마사 스튜어트는 자신의 철학을 직접 말로 한 적은 한 번도 없었다. 이혼도 하고 수감 생활도 했지만 그녀는 여전히 자신의 삶을 흠잡을 데 없이 완벽하게 꾸려나갔다. 사업 수완이 좋고, 돈을 좋아하고, 대인 관계에 능했던 그녀의 삶은 현대 커리어 우먼의 삶과 한 치의 오차도 없이 닮았다. 하지만 나는 마사 스튜어트에게서 정말로 소중한 것을 발견했다.

디테일에 완벽을 기하는 삶이 곧 의미 있는 인생임을 말이다.

# 인생의 비즈니스 모델 : 우회로가 지름길이다

인생의 모든 길에는 의미가 있다. 실패해도 좋고 길을 잘못 들어도 괜찮다. 모두 자신과 타인이 다름을 깨닫고 진정한 자신을 찾아가는 과정이다.

내 친구 미스터 Q는 참 이상한 사람이다.

그는 참 똑똑했지만 학교 공부에는 도통 관심이 없어서 매일 자전거를 타고 십 킬로미터를 달려서 평서評書(민간에서 유행한 설창(說唱) 문예 중 하나로 노래는 하지 않고 고사를 이야기하는 중국 전통 공연 예술-역주)를 배우러 다니고 수학 올림피아드에 나가려면 과외를 받았다. 고등학생 시절에는 연애를 하다가 학교 측에 들켜서 수업 사이 체조 시간에 불려 나가 꾸지람을 들었다. 그는 이런 학교 측의 대처가 부당하다고 여겨 부모님께 학교를 그만두겠다고 했다. 이 일은 1980년대에 소도시를 뒤흔든 일대의 사건이었지만 그의 부모님은 생각이 트인 분들이어서 흔쾌히 허락했다.

그는 학교를 그만둔 날부터 절로 눈이 떠질 때까지 잠을 잤고 그에게는 영화를 보는 게 최상의 오락거리였다. 일 년 뒤, 그는 별안간 홍콩에 영화를 배우러 가겠다고 선언했다. 그래서 다시 학교로 돌아가서 일 년 후배들의 의아한 시선을 받으며 열심히 공부했다.

마침내 Q는 홍콩에 있는 한 대학의 영화과에 입학했다. 월급쟁이 부모는 아들의 학비를 대느라 꽤 많은 돈을 썼다. 그는 부모의 부담을 덜려고 일학년 때부터 아르바이트를 시작했다. 현지의 한 다큐멘터리 제작 회사에서 영상 자료를 정리하는 일을 맡아 하던 그는 영상 속에서 아름다운 풍경을 보고는 흠뻑 반해버렸다. 그래서 졸업한 뒤에 세계를 돌아보며 여행도 하고 아르바이트로 돈도 벌기로 마음먹었다.

스물여섯 살이 된 Q는 두 발로 세계 곳곳을 누볐고 각지에서 찍은 사진을 인터넷 공간에 올렸다. 그가 올린 사진은 뜻밖에도 네티즌들의 많은 관심을 받았다. 네티즌들은 그의 사진에 빨려들어서 사진에 찍힌 장소에 가는 방법을 직접 묻기도 했다. 그는 대답이 길어질 것 같으면 내용을 정리해서 아예 쪽지로 보냈다. 이렇게 약 오륙 년이 지난 어느 날, 그의 고등학교 동창생 한 명이 그에게 연락을 했다.

"넌 여행 경험이 많으니까 같이 한번 일해보자."

동창생은 고가의 프리미엄 여행 사업을 계획하고 있다면서 벤처 창업을 제안했다.

두 사람은 단번에 의기투합했고 Q는 곧장 베이징으로 돌아왔다. 그는 5년 동안 회사 일에 전념하며 분투했지만 실제 사업과 이상 사이에는 극복하기 어려운 한계가 있었다. 결국 회사는 도산했고 서른두 살이 된 Q는 어떤 일을 평생 직업으로 삼을지 뒤늦게 고민하기 시작했다. 그의 경력은 애매했다. 영화를 만들고 싶지만 이미 손이 서툴러졌고 여행가가 되고 싶지만 마음뿐이었다. 곰곰이 생각해보니 자신의 전공과 좋아하는 일이 당시 돈벌이가 되는 일과는 동떨어진 것이었다. 화려해 보이는 그의 경력만으로는 배불리 먹을 만큼의 돈을 벌 방법은 없었다.

하는 수 없이 한 잡지사에 잠시 기거하면서 여행 사진과 기록을 제공하고 급여로 월 오륙천 위안을 받는 일을 시작했다. Q는 매일 같은 일을 반복하는 직장 생활을 하면서 동료들과 옥신각신하기도 하고 스트레스도 받았지만 경제적인 목표도 생겼다. 하루는 저녁에 아버지와 함께 술을 마시다가 취했는지 별안간 눈물이 터져 나왔다.

"아버지, 제 생각이 틀렸어요. 시간을 너무 많이 낭비했나 봐요. 공부하고 여기로 돌아와서 평범한 화이트칼라로 살았어야 했는데. 외국에서 공부하느라 돈을 그렇게 많이 쓰고 좋은 풍경도 그렇게 많이 보고 고생도 그렇게 했는데 말짱 다 헛일이었어요."

아버지는 술잔에 담긴 술을 천천히 다 마신 뒤에 생전 처음으로 자신의 인생을 이야기하기 시작했다. 아버지의 어릴 적 꿈은 과학자였다. 그러나 '문화혁명文化革命'이 일어나서 그는 농촌으로 갔고 그곳에서 십 년간 농사를 지었다. 대학 입학시험이 부활하여 마침내 대학에 입학했고 학과 분배 결과에 따라 컴퓨터를 전공했다. 그가 졸업할 당시는 보통 졸업 후에 미국으로 나가는 추세여서 그도 미국으로 가서 몇 년간 머물렀다. 미국에서 개인 사무실을 막 열었을 때 마침 Q의 어머니를 만났다. 그런데 어머니는 미국에서 계속 살기를 원하지 않았고 아버지도 어머니와 떨어져서 지내고 싶지 않았기에 중국으로 돌아와서 직장을 잡았고 지금까지 다니고 있다. 그야말로 운명의 장난 같은 이야기다.

아버지는 "넌 지금까지 네가 가장 좋아하는 일을 했는데 이제 와서 뜬금없이 후회한다는 그런 속없는 말을 하니?"라고 아들을 위로하며, 자신은 일생 동안 시대적인 이유로 고달픈 때도 많았지만 막상 지금에 이르고 보니 그중에서도 행복했던 기억이 무척 많다고 했다.

아버지는 감동적인 이야기를 마친 뒤에 술을 한 병 더 따더니 이번에는 Q의 어린 시절 이야기를 꺼냈다. 당시 시에서 한 경연대회가 열리는데 대회에서 우승한 아이는 곧바로 성省 소속 문화 선전 공작단文工團에 무용수로 들어갈 수 있었다. Q는 무조건 참가 신청을 하겠다고 했다. 아버지는 아들이 좋아하는 일이란 건 알고 있었지만 아들의 적성에 맞지 않아서 당연히 떨어질 줄 알았다. 하지만 차마 아들을 실망시킬 수가 없어서 도전해보라고 허락했다.

Q는 뜻밖에도 예선을 통과했다. Q가 통지서를 손에 들고 기뻐서 비명을 지르며 방 안으로 뛰어 들어오는 모습이 아버지의 눈에는 순진한 한 살배기 아기처럼 보였다. 아버지는 Q가 자신을 향해 가슴을 활짝 펴고 달려오는 광경을 퍽 오랜만에 보았다. 준결승전은 다른 도시에서 열렸다. 항상 꾸물꾸물하던 Q는 처음으로 여행 계획을 세우더니 급기야 아버지한테 가지고 가야 할 것들을 부탁하고 스스로 나서며 책임감 있게 행동했다.

Q는 준결승전에 자신의 우상이 특별 게스트로 등장하자 흥분해서

아버지와 함께 그 스타를 쫓아갔다. 그 바람에 아버지는 호텔에 돌아오자마자 지쳐서 쓰러졌다. 돌아오는 길에 Q는 아버지에게 그 우상에 관해 꽤 많은 이야기를 들려주었다. 아버지는 Q의 말을 주의 깊게 들으며 Q의 마음속에 그렇게 찬란한 꿈이 있는지 처음으로 알았다. Q는 한 달을 연습해서 준결승전에 참가했지만 첫 라운드에서 탈락하고 말았다. 아버지는 이 소식을 듣고 말할 수 없이 슬펐다. 애초에 탈락을 예상했던 일은 까맣게 잊고 대회장 문 앞에 서서 Q를 품에 안고 눈물을 흘렸다.

대회가 시작할 때부터 끝날 때까지 석 달 동안 마음을 졸였는데 두 사람은 상장 하나 받지 못하고 빈손으로 집으로 돌아가고 있었다. 하지만 아버지는 이 여행의 소득이 분명히 있다고 믿었다. 일단 Q와 서로를 이해하는 끈끈한 사이가 되었고 Q는 자기가 느끼지 못하는 사이에 꽤 많이 성장했을 거라고 믿었다.

Q는 아버지가 전하는 어린 시절의 일화가 아무리 생각해도 기억나지 않아서 내내 멍한 표정으로 듣기만 했다.

어머니는 한편에 앉아서 듣다가 입이 근질거렸는지 중간에 끼어들었다. Q가 어릴 때 어머니는 늘 Q에게 옛날이야기를 들려주었는데 Q는 이야기를 듣다가 무서워서 심장이 벌렁거리면 큰 소리로 "이 대목은 그냥 넘어가요. 얼른요." 하고 외쳤다. 어머니가 말했다.

"그때는 그저 옛날이야기일 뿐이니 무서우면 건너뛰고 다음 내용으로 넘어가도 되었지만 진짜 인생이라면 무섭다고 훌쩍 뛰어넘을 수는 없지 않겠니?"

진짜 인생 이야기는 삭제할 수도 없고 넘길 수도 없고 고쳐 쓸 수도 없다. 인생을 낭비해도 어쩔 수 없고 지체해도 하는 수 없다. 굽이진 길을 돌고 돌아서 가는 것이 인생이다. 가장 좋은 날과 가장 나쁜 날의 차이도 무의미하고 그저 차근차근 한 걸음 앞으로 나아갈 뿐이다.

대학 시절에 캐리 멀리건Carey Mulligan 주연의 〈언 애듀케이션An Education〉이란 영화를 봤다. 열여섯 살 소녀 제니Jenny는 부모의 성화로 옥스퍼드 대학University of Oxford에 입학하려고 준비하면서도 시도 때도 없는 부모의 잔소리가 싫지는 않았다. 비가 내리는 어느 날, 제니는 한 성숙한 남자 데이비드David를 우연히 만났다. 그는 멋스럽고 소탈했으며 그의 몸짓 하나하나는 무척이나 매혹적이어서 제니는 그의 매력에 푹 빠져들고 말았다. 데이비드와 그의 친구는 제니를 데리고 고급 클럽, 예술품 경매 회사, 고급 레스토랑을 뻔질나게 드나들었다. 심지어는 제니의 부모님을 설득해서 꿈에 그리던 파리로 여행을 떠나기도 했다.

그러나 안타깝게도 이야기는 불행하게 흘러갔다. 데이비드가 유부남이었기 때문이다. 이 사실을 안 제니는 충격을 받고 고통스러운 나날을 보내다가 막판에 마음을 다시 고쳐먹고 열심히 공부해서 옥스퍼드 대학에 입학한다. 영화의 마지막 장면에서는 그녀가 일광욕을 하듯 햇살을 온몸으로 받으며 경쾌하게 자전거를 타는 모습이 그려졌다.

제니가 데이비드와의 일로 실의에 빠졌을 때 그녀의 친구들은 모두 부모님의 말씀을 들었어야 했다고 충고했다. 어차피 자기 인생은 스스로 구제하는 것 아니냐며 옆길로 빠지지 말라고도 했다. 그러나 나는 이 생각에 동의하지 않는다. 제니가 파리의 여인들을 따라서 담배를 피울 때 신중하고 자존감을 지키는 태도가 참 보기 좋았다. 초야를 치를 때 불편함을 느끼자 이내 중단하고 자신을 아끼는 모습도 마음에 들었다. 또 데이비드의 아내와 대화할 때 보인 냉정함도 괜찮았다. 이 상황들은 모두 예기치 못한 일이지만 그 덕분에 제니는 저도 모르는 사이에 제법 성숙해졌다. 말하자면 그녀는 시행착오를 몇 번이나 거듭하고 나서야 마침내 진정한 자신을 만난 것이다.

Q는 여전히 자리를 잡지 못했다. 한동안 잡지사에 일하다가 국제방송국으로 또 자리를 옮겼다. 한번은 그가 방송국 스튜디오를 지나다가 〈외국에서 살다 온 친구는 뭐가 다를까〉라는 프로그램을 알게 되었다. 그는 흥미가 당겨서 방송이 나가는 동안 잠시 청취했다. 방송에서 던진 질문에 답하는 청취자의 사연이 많이 도착했는데 재미있는 것도 있고 악의적인 것도 있었다.

'외국에서 살다 온 친구가 더 염세적이고 저속함.'

'아내를 국외에 한 명, 국내에 한 명 두어도 중혼으로 걸릴 일이 없어요.'

'여자는 외국에서 외국 남자랑 결혼하고 남자는 귀국해서 결혼하고 아기를 낳는대요.'

청취자의 사연을 다 읽고 나서 진행자 한 명이 약간 빈정거리듯이 한 마디로 정리했다.

"다들 우리처럼 똑같이 결혼하고 아기를 낳는데 다를 게 뭐가 있겠어요."

다른 진행자가 이 말에 즉시 반박했다.

"그거야 겉으로만 같을 뿐이죠. 사람을 대하는 태도도 다르고 중요한 선택을 할 때도 차이가 있어요. 삶의 디테일도 틀림없이 다를걸요. 우리와 다른 문화에서 살고 있으니까 대비되는 게 당연하죠. 문제를 분석하는 시각과 입장도 다르잖아요. 넓은 세상에서 살면 선택의 기회가 더 많고 훨씬 너그러워져요. 이런 게 다 차이점이랍니다."

Q는 웃었다.

당연히 다르다. 인생의 모든 길에는 의미가 있다. 실패해도 좋고 길을 잘못 들어도 괜찮다. 모두 자신과 타인이 다름을 깨닫고 진정한 자신을 찾아가는 과정이다. 화려했던 경력은 모두 이력서 기재용으로만 쓰여서 허송세월한 것 같아 보여도 그것이 곧 자신과 타인의 다른 점이라는 데에 의미를 두어야 한다.

# 인지 착각 :
## 우울한 진짜 이유

우리는 때로 가진 게 너무 많아서 불행하다.

겨울이 왔다.

해가 짧아진 탓에 가끔 낮잠을 자다가 일어나 불이 켜지지 않은 방 안을 둘러보면 잠결에 이미 밤이 온 줄 착각할 때도 있다. 창밖으로 보이는 앙상한 나뭇가지가 창문에 얼룩얼룩한 그림자를 빼곡히 남기면 외로움이 밀려와 가슴을 가득 채운다. 이런 감상적인 모습은 이성적이고 쿨한 맏언니 같은 나의 이미지와는 썩 어울리지 않지만 아무튼 그렇다.

겨울은 우울한 계절이다. 그래서인지 "겨울이 싫어."라며 딱 잘라 말하는 친구가 많다. 연말 상여금만 받으면 회사를 그만둘 거라는 소식을 전하는 친구도 꽤 있다. 퇴사한 뒤에 뭘 할지는 아직 모르겠다며 "당분간은 좀 쉬어야지. 연말이니까 미래를 너무 심각하게 고민하진 않을래."라고 덧붙인다.

아직 싱글인 한 절친은 일본 영화 〈너의 이름은君の名は〉을 보고 나서 몇 번이나 울었다고 했다.

"몇 년씩이나 만나고도 갑자기 마음이 변하잖아."라고 하더니 진정한 사랑은 원래 만나기가 쉽지 않은 운명 같은 만남임을 깨달았다는 것이다.

아이가 둘인 미시족 친구는 어느 날 저녁에 파티를 마치고 식탁 뒷정리를 한 뒤, 두 아이를 재우고 남편의 셔츠 다림질까지 끝내고 보니 이미 새벽녘이 되었더라고 푸념하며 이렇게 말했다.

"가끔은 이런 생각도 해. 외로움은 말이지, 싱글이든 기혼이든 누구나 다 똑같이 느끼는 거라고."

주변 사람들 역시 아무래도 여름보다 겨울에 훨씬 나약해지는 듯하다.

겨울 우울증은 과학적으로도 증명되었다. 그래서 겨울이 유난히 긴 북유럽은 자살률이 무척 높고 사회 복지 제도가 아무리 잘 마련되어 있어도 자살을 막기는 역부족이다.

이성적인 염소자리인 나로서는 사실 나약해지는 내 모습을 용납할 수 없다. 나약함은 연결 고리가 끊어진 DNA 같다. 주체할 수 없는 감정이 밀려올 때마다 나는 진지하고 깐깐하게 스스로에게 캐묻는데, 그 물음 중에는 왜 겨울이면 나쁜 감정이 더 금방 차오르는가 하는 궁금증도 있다.

"날씨가 너무 추워서일까? 혈액 순환이 잘 안 되고 신진대사가 원활하지 않아서? 겨울의 소슬한 바람과 차가운 강물과 희뿌연 안개가 영원할 것만 같아서 의기소침해지나? 그것도 아니면 연말이라 일이 많아서 예민해진 탓인가?"

지나치게 이성적이면 때로는 자신의 진실함과 감성을 받아들이지 못한다. 너무 오랫동안 완벽한 사람인 척하면 언젠가 실체가 들통 나지 않을까? 특별한 이유가 없어도 우울해하면 안 될까? 감정을 추스르지 못하는 자신을 담담히 받아들이는 게 그렇게 어려운 일일까?

중년이 되면 부지런히 움직여야 감정이 치유되고 바쁘게 뛰어다니다 보면 마약을 복용한 듯이 고통이 무뎌진다고 생각한다. 그렇게 시간이 지나면 감정이 저절로 평정을 되찾는다고 믿는다. 사실 연말에 재고 조사니 송년회니 종무식이니 줄줄이 소화하느라 바쁠 때 심리적 위기감은 최고조에 이른다. 그래서 '내가 헛살고 있는 건 아닌가? 시대에 뒤처지진 않을까? 시간이 훅 지나갔는데도 성과가 없으면 어쩌지?' 하는 생각이 든다. 하지만 겨울에는 원래 몸이 둔해지기 때문에 평소 같은 근면성, 이성, 집중력도 살을 에는 겨울 추위 앞에서는 와르르 무너질 수밖에 없다.

따뜻한 이불 속에서 와인을 마시며 새벽 세 시까지 미국 드라마를 보다가 자연스럽게 눈이 떠질 때까지 자고 싶고, 아열대 지방의 햇살이 가득한 작은 섬에서 각종 파티를 열고 싶고, 남편에게 그 잘난 회사 일과 가정의 계획을 모두 내려놓고 둘만의 사랑을 속삭이자고 진지하게 말하고 싶은 것, 이것이 바로 진실한 나의 모습이다.

꽤 오랫동안 부정했지만 결국은 이런 나 자신을 인정하기로 했다. 인류가 이렇게 하릴없이 세월을 보낼 수 있는 때가 어쩌면 겨울밖에 없을지도 모른다. 효율을 따지지 말고, 미래를 보지 말고, 하루하루를 알차게 '허송'하고 자신의 존재를 느긋이 느껴보자. 욕망을 인정하고 마음 내키는 대로 살 수 있는 여유도 누려보자.

크리스마스, 새해, 설날은 왜 전부 겨울일까? 겨울에는 흥청거리는 기쁨이 있어야 계절의 의미가 있으므로 모종의 성취감은 기대하지 않아야 한다. 그렇게 겨울을 '허송'하고 나면 가장 진솔한 자신을 만날 수 있다.

누군가 〈겨울아 오지 마冬天別來〉라는 노래도 불렀지만 겨울은 때가 되면 어김없이 찾아온다. 겨울에는 완벽하지 않아도 되고, 보약이 따로 없어도 되고, 이유 없이 눈물이 나도 되고, 우울해도 된다. 겨울에 간헐적 우울 증상이 이따금 나타날 때 내가 시도하는 몇 가지 대처법이 있는데 다른 사람에게도 도움이 될 듯해서 공유하려고 한다.

## 1. 기분 인정하기

심리학자 우즈훙武志紅은 슬픔을 인정해야만 슬픔이 가시므로 자신의 소소한 감정을 직시해야 한다고 했다. 여건이 허락하면 하루만 휴가를 내서 절친과 식사도 하고 수다도 떨고, 여러 친구와 노래방도 가고 술도 한잔하자. 유치원에서 아이를 픽업해서 오래전부터 꼭 가고 싶었던 교외로 피크닉도 가자. 박물관에서 멍 때리기도 하고 명품 브랜드 신제품 론칭 쇼에도 대담하게 참석해보자. 또 혼자 조조 영화도 보면서 현재의 기분을 받아들이자.

우禹 임금이 둑을 무너뜨리고 물길을 터주어 물을 다스리는 데 성공했듯이, 기분을 다스리려면 감정을 쌓아두지 않고 푸는 것이 올바른 방법이다.

## 2. 예쁘게 차려입기

나는 쉬는 날에는 옷을 편하게 입는다. 그러나 기분이 가라앉았을 때는 억지로 기운을 내보려고 눈썹을 정성껏 그리며 화장에 신경을 쓴다. 또 양털 순모 코트도 걸치고 날씬해 보이게 허리띠도 바짝 조여 맨다. 마무리로 최고 품질의 소가죽으로 만든 롱부츠를 신는다. 이렇게 한껏 꾸미는 이유는 남의 눈에 예쁘게 보이기 위해서가 아니라 순전히 내 기분을 끌어올리기 위해서다. 마음이 아무리 착잡해도 남들 앞에서는 절대로 말투에 힘을 빼지 않는다. 우울감에 굴복해버리면 회복이 불가능하기 때문이다.

전에 누군가가 서양에서는 옷은 패션이 아니라 무장이라고 하던데 그 말이 맞다. 하지만 나쁜 의미는 전혀 아니다. 총탄이 빗발치는 전쟁터 같은 세상에서 비수를 품는 대신 부츠를 신고, 봉인을 하는 대신 립스틱을 발라서 억척스럽게 자신을 지킬 수 있다면 오히려 감사할 일이 아닌가?

## 3. 비싼 물건 사기

인생이 계속 한길로만 가면 안정된 삶도 슬슬 지루해지지만 아름다운 물건은 절대 싫증 나지 않는다. 진심으로 좋아하는 사람이 생겼을 때, 곧장 그 사람에게 가서 섣불리 마음을 고백했다가는 도리어 그 사람을 잃을 수도 있다. 그러나 정말로 마음에 쏙 드는 물건은 무슨 수를 써서라도 꼭 사두면 평생 자기 것으로 남는다.

아름다운 물건을 보면 기분이 좋아진다. 배우 엘리자베스 테일러 Elizabeth Taylor는 노년에 한밤중에 자다가 일어나서 평생 소장한 보석을 응시하며 만지작거리곤 했다. 그녀의 남편이 바스락거리는 소리에 놀라서 큰 소리로 "여보, 지금 뭐 해요?" 하고 물으면 그녀는 "내 보석들과 놀아요." 하고 대답했다고 한다.

좋아하는 물건을 소유하면 자신은 그 물건을 가질 자격이 있는 사람이라는 생각이 들어서 자신감이 넘친다. 또 좋아하는 물건을 사겠다는 확고한 목표가 생겨서 돈을 열심히 버는 원동력도 된다.

## 4. 외로움 즐기기

장쉰은 고독은 두려운 것이 아니지만 고독을 겁내는 행위는 두려운 것이라고 했다. 사실 흐르는 시간 속에 홀로 있으면 부쩍 외롭다. 쉴 틈 없이 바삐 움직이는 하루와 비교하면 오히려 외로울 때 삶에 더욱 애착이 간다.

집 안에서 사용하지 않거나 낡았거나 더 이상 미련이 없는 물건들을 몽땅 싸서 갖다 버리면 공간이 꽤 많이 생긴다. 그 공간을 기분을 전환하는 용도로 바꾸자. 그곳에서 정성스럽게 꽃꽂이도 하고 예전부터 읽고 싶은 책도 읽고 자신에게 감동을 준 그림도 그려보자. 이렇게 별것 아닌 사소한 일만으로도 작지만 확실한 행복의 기쁨과 평온함을 느낄 수 있다.

## 5. 사랑 표현하기

사랑하는 사람에게 내가 의지할 사람은 당신뿐이라고 용기 있게 말하자. 그렇게 기대면 갑옷처럼 든든하기도 하지만 약점을 보인 것 같아 씁쓸하기도 하다.

고백의 말로 자신의 약점이 드러나더라도 상대방에게 사랑해달라고 하자. 만약 상대방에게 거절당해서 한바탕 펑펑 울더라도 답답하게 속으로 끙끙 앓는 것보다는 견디기가 훨씬 수월하다.

## 6. 운동하기

대형 헬스 기구가 없어도 되고, 끝장을 볼 때까지 하지 않아도 되고, 멀리까지 나가지 않아도 되고, 너무 신중하지 않아도 된다. 그저 음악에 맞춰 끌리는 대로 춤을 추고 몸을 흔들기만 해도 좋고 요가 매트 위에서 흐트러진 자세로 명상해도 괜찮다. 전문적인 운동 장비가 없어도 기분 내킬 때 훌쩍 밖으로 나가서 단거리 마라톤이라도 뛰면 그걸로 충분하다.

운동은 꾸준히 실천하기보다는 당장 움직여서 활기를 얻는 데 의미가 있고, 운동을 하면 눈물 대신 땀이 흘러서 축 처졌던 기분이 상쾌해진다.

## 7. 제멋대로 하기

중년에게 방종은 부정적인 의미만 있지는 않다. 부처님은 우리가 아직 깨달음을 얻지 못해서 헤매고 다닌다고 했지만 사실 우리는 너무 많이 깨달아서 득의양양한 것보다 차라리 자제하는 게 낫다고 여긴다. 하지만 감당할 수 있는 범위 안에서는 합리적으로 방종할 줄도 알아야 한다.

어느 날 밤에 나는 기분이 안 좋아서 새벽 세 시까지 잠을 못 이루고 계속 뒤척이기만 했다. 이러다가는 안 되겠다 싶어서 아예 자리에서 일어나 휴대폰을 집어 들고는 24시간 배달 애플리케이션을 열어 와인 한 박스를 주문했다.

그날 밤은 정말로 잊지 못할 순간이었다.


이상 일곱 가지 방법은 아마 가끔 드는 우울한 기분을 해소하는 데 도움이 될 것이다. 하지만 진짜 문제는 우리가 때로는 가진 게 너무 많아서 불행하다고 느낀다는 것이다.

최근에 〈파이낸셜 타임스Financial Times〉에서 내분비학자 로버트 루스틱Robert Lustig의 신간 《미국인의 뇌를 해킹하다The Hacking of the American Mind》를 소개한 글을 보았다. 책 속에는 굉장히 중요한 관점이 제시되어 있었다. 즉 현시대의 사람들이 우울하고 불행하다고 느끼는 가장 중요한 이유는 기쁨과 행복을 동일시하기 때문이라는 것이다.

기쁨과 행복은 다르다. 기쁨은 '포상'과 관련이 있는 감정이어서 쇼핑, 음주, 게임 등 여러 가지 이유로 기쁨을 많이 느낄 수 있다. 반면 행복은 '전반적으로 만족한 상태'를 말하며 특별한 인자가 행복을 유발하지는 않는다. 그리고 포상을 장기간 지나치게 많이 받으면 무감각하고 우울해져서 불행한 기분이 든다.

간단히 정리하면 이렇다. 선택의 기회가 많고 부유한 곳에 살수록 우울증을 앓는 사람의 비율이 높은데, 그 이유는 자신이 받은 포상이 곧 행복이라고 착각하기 때문이다. 그래서 포상의 효과가 사라지면 공연히 불행하다고 느끼고 우울한 증상이 이내 나타나는 것이다.

이 점을 깨달으면 형용할 수 없는 부정적인 감정에 휩싸일 때 감정을 자연스럽게 받아들이며 자신을 내려놓을 수 있다.

세상으로부터 긍정적인 에너지를 받으면 마음이 편안하겠지만 부정적인 에너지가 들어오더라도 편안하게 받아들이면 불안하던 마음이 서서히 평정을 되찾는다.

인생도 사계절처럼 끊임없이 순환하기 때문에 움츠리고 싶은 기분이 들 때가 있는가 하면, 가슴을 활짝 펴고 싶을 때도 있다. 밤샘은 괴롭지만 밤참은 위안이 되는 것처럼 말이다. 기분이 바닥을 칠 때는 그저 평온하게 받아들이는 것도 용기 있는 삶이 아닐까?

# 자율은 자유다

### 안전지대 벗어나기

5

# 완벽한 모습에
# 담긴 의미

숨 가쁘게 변화를 거듭하는 오늘날에는 모든 정서가 자신도 모르는 사이에 겉모습에 드러난다.


한 친구가 있다. 그녀의 얼굴은 밉상이 아닌데 하는 행동은 번번이 여러 친구 앞에서 은근히 손에 땀을 쥐게 한다.

어느 해에 나와 친구들은 뮤직 페스티벌에 함께 가기로 약속했다. 페스티벌 하루 전날, 그녀는 "영국풍의 조신한 패션이나 미국 스타일의 롱부츠로 코디를 하겠다."고 선언했다. 그러고는 페스티벌에 에스닉풍의 배두렁이를 입고 스파이크 힐을 신고 나타났다. 우람한 팔뚝과 푸짐한 똥배를 과감히 드러낸 채로 조신한 미녀처럼 나풀나풀 걸어오는 그 용기에 친구들은 SNS에서 공감을 누르듯이 엄지손가락을 치켜들었다.

그녀는 회사에서 근무할 때 늘 잠옷처럼 캐주얼한 순면 티셔츠와 고전적인 A라인 블랙 스커트를 입고 발이 편하게 통굽 슬리퍼도 몰래 신었다.

한번은 친구들끼리 전시회를 보기로 한 날, 그녀가 전시장 입구에 나타나자 우리는 단체로 표를 환불하고 싶을 정도로 난감했다.

"넌 집에 있던 카펫을 뜯어서 몸에 걸치고 왔니?"

한 친구가 핀잔을 놓자 그녀가 아연실색하며 말했다.

"초특급 명품 브랜드에서 출시한 특별 한정품이야."

패션 테러리스트도 정도가 있지, 가만히 내버려두면 여신은커녕 정신병자로 보일 판이었다. 급기야 친구들은 도저히 그냥 두고 볼 수가 없어서 하루는 그녀의 옷장을 구경하러 집에 찾아갔다. 드디어 옷장 문이 열리고 그녀만의 '신비한 정글'을 직접 마주한 친구들은 그제야 비로소 그녀의 취향을 이해했다.

옷장 안에는 대학교 1학년 때 입었던 치마도 있고 대략 십 년 뒤에나 입을 수 있는 '어머니의 날 스페셜 룩' 같은 캐시미어 옷도 있었다. 또 '롤플레잉' 놀이를 할 때나 어울릴 법한 원단으로 만든 칙칙한 빛깔의 짧은 치마도 있고, 샤넬CHANEL풍 브랜드 '수뉘팡淑女坊'에서 구입한 핑크색 레이스가 달린 정장도 있었다. 티셔츠는 눈짐작으로 보건대 십 위안에 세 장짜리부터 '명품 브랜드 특별 한정품'까지 다양했다. 우리는 옷장을 닫으며 그녀에게 말했다.

"성인 영화를 찍어도 이렇게까지 많은 옷이 필요하진 않을 거야."

그녀는 한숨을 연거푸 쉬더니 피눈물 나는 옷 구매 역사를 구구절절하게 풀어놓았다.

우선 그녀는 패션 잡지의 영향을 많이 받았다. 오늘 잡지에서 오렌지색 계열 아이섀도가 밀라노 최신 스타일이라고 하고, 내일 잡지에서 스모키 화장이 요즘 트렌드라고 하면 무조건 그대로 따라 했다. 또 모델 화보를 보며 유행 스타일을 파악하고 '촌스러운' 자신의 모습을 되돌아보기도 했다. 그러다 보면 어느새 새로운 진열장 하나가 집 안에 들어와 있고, "올여름에는 새로운 아이라이너 펜슬이 꼭 하나 있어야겠어."라며 유행 화장을 따라 했다.

또 각종 특별 할인 행사도 그냥 지나치지 않았다. 지하철역에 있는 '특별 할인 매장'에서부터 길거리 노점상을 지나는 여정이 얼마나 길고 오래 걸리는지 모른다. 그녀는 쇼핑할 때 보통 색감, 계절, 스타일을 따지지 않고 '30% 할인', '50% 할인', '70% 할인' 구역만 찾아다니며 물건을 골랐다. 그런 뒤에 보면 손에 자기도 뭔지 모르는 잡다한 물건을 한 꾸러미나 들고서 매장 문을 나서고 있다. 그 순간 후회도 밀려오지만 금세 또 기분을 바꾸어 "어차피 밥 한 끼 먹으면 없어질 돈이니까 괜찮아."라며 스스로를 위안했다.

그러고는 집으로 돌아와서 옷장 앞에 서면 그제야 정신이 또 번쩍 들었다. 몇 개월 전에는 예전에 입던 옷을 버리면 그때의 추억도 잊을 수 있을 거라는 생각에 옷을 싹 다 버려서 옷장이 텅텅 빈 적도 있었다. 또 며칠 전에는 'What you wear, who you are(옷은 나를 대변한다)'라는 사실을 깨달았다면서 느닷없이 신용카드로 '명품 브랜드 특별 한정품'을 구입하더니 삼 개월 동안 라면만 먹었다.

친구들은 옷장 구경을 마치고 그녀의 정신을 번쩍 들게 할 지혜로운 말을 한 마디 툭 던졌다.

"너, 이거 병이야. 치료 받아야 해."

친구 A가 말했다.

"사실 여자들은 대부분 많든 적든 이런 문제점을 안고 있어. 하지만 뭣하러 그렇게 많은 돈과 노력을 외모를 꾸미는 데 쓰는지 모르겠어. 남들 눈에는 그 시간들이 '교통사고 현장'처럼 안타깝게만 보일 뿐인데 말이야. 품위는 네가 돈을 많이 쓴다고 해서 생기는 게 아니야. 'What you wear, who you are', 물론 말이야 맞지. 네가 입고 걸친 것들은 모두 네 자신을 가장 잘 표현하고 있으니까. 하지만 화장, 옷, 그 밖에 세세한 부분들은 모두 너의 프로필 비고란에나 들어갈 것들이야. 프로필을 작성하려면 자신을 정확히 아는 게 먼저잖아. 자기 자신도 잘 모르는데 어떻게 프로필을 잘 쓰겠니."

친구 B는 이렇게 조언했다.

"옷을 잘 입으려면 몸 관리부터 해야 해. 몸에 군살이 많은 사람이 명품 브랜드를 입으면 옷이 짝퉁 같아 보이고 사람도 초라해 보여. 반대로 몸매가 잘 빠진 사람은 흰색 셔츠만 입어도 봄바람처럼 싱그러운 젊음이 느껴진다고. 신체 비율과 골격은 타고나는 거니까 어쩔 수 없다손 치더라도 자기가 원하고 의지만 있다면 무슨 방법을 동원해서라도 완벽한 몸을 꾸준히 만들 수 있어. 헬스, 미용, 소식, 휴식, 규칙적인 생활 등등을 실천하면 가능하단 얘기야."

B는 여자 나이 마흔이 넘으면 몸에 투자를 많이 해야 한다는 편견을 갖고 있다. 그래서 부티가 나게 꾸미려면 엄격한 자기 관리를 선행해야 한다는 뜻으로 한 말이다.

친구 C가 팁을 알려주었다.

"품위 있게 보이려면 몇 가지 명심할 게 있어. 우선 화장은 말이지, 메이크업 베이스를 부드럽고 매끈하게만 발라도 절반은 성공한 셈이야. 피부 톤이 좋아 보이거든. 그리고 옷은, 가장 무난하게 스타일링 하려면 최대 세 가지 컬러만 매치하고, 정장을 입고, 구두는 굽 높이가 삼 센티미터 넘는 걸로 신어. 사실 이런 가장 기본적인 것도 못 하는 사람이 굉장히 많아. 다들 눈높이는 높은데 그만큼 노력은 안 하더라고. 품위를 지키려면 원칙도 없이 새로운 걸 추구하기보다는 원칙을 갖고 모방하는 게 나아."

　마지막으로 친구 D도 말을 보탰다.

　"이봐, 동생. 넌 일단 그 지독한 충동구매 버릇부터 고치고 불안감을 떨쳐야 해. 남자를 고르듯이 옷을 구입해봐. 잘못된 선택을 할 때마다 매칭 확률이 점점 떨어진다고 생각하라고. 옷은 꼼꼼하고 신중하게 골라야 해. 일단 구입하기 전에 머릿속으로 네 옷장 안의 옷들을 죽 되새겨봐. 사려는 옷과 매칭해서 걸칠 만한 게 있는지 찾아내란 말이지. 마음에 드는 모자 하나 사려고 거기에 어울리는 상의, 바지, 목걸이, 속옷까지 새로 사라는 말은 아니야. 자, 그다음엔 자기가 원하는 게 뭔지 분명히 알아야 해. 자기한테 딱 어울리는 옷을 사려면 시간이 걸리더라도 끈기 있게 기다릴 필요도 있어. 말하자면 완벽하게 한 번 꾸미는 게 곡예단처럼 같은 공연을 여러 번 보여주는 것보다 훨씬 낫단 뜻이야."

　친구들의 지루하고 장황한 잔소리가 끝나자 논란의 주인공은 눈을 깜빡거리며 몹시 당혹스러워했다.

"그렇게 피곤하게 살아야 해? 옷 한 벌 사는데, 내가 즐거우면 그만 인 거 아니야? 여자한테는 행복이 가장 중요하지 않니?"

친구들 모임에서 보통 마무리 투수 역할을 맡는 내가 드디어 입을 열었다.

"너 어제 소개팅에 나갈 때 노르스름한 반바지 위에 새까만 긴팔 티 셔즈를 입고 페라가모Ferragamo 하이힐 속에 기어코 짧은 스타킹을 신 었지. 기분이 어땠어?"

그녀는 내 말이 끝나자 마치 귀신을 본 사람처럼 비명을 질렀다.

인간은 참 특이한 동물이라서 무의식중에 한 사람의 외모와 옷차림 을 보고 그 사람의 내적 세계와 그가 삶을 대하는 태도를 통찰한다. 거 꾸로 말하면, 깊이 숨겨둔 나의 내적 세계는 나만 안다고 여겼는데 알 고 보니 진작부터 마음의 빛을 통해 은밀하게 외부로 발산되고 있었다 는 것이다. 얼굴은 마음의 창이라든가 외모는 영혼의 거울이라는 틀에 박힌 말을 굳이 하지 않더라도 생각은 행동으로 표현되기 마련이다.

한 사람 한 사람이 외부로 발산하는 기질은 마치 다양한 빛깔의 코 로나Corona처럼 각자의 영혼 빛깔에 따라 다르게 나타난다. 이 코로나 는 영혼의 색상표 같은 것이며 한 사람의 성향을 외부로 방출하는 신 호다. 이는 마음에 드는 사람과는 기꺼이 즐겁게 대화를 나누지만 썩 마음에 들지 않는 사람과는 왠지 거리를 두려고 하는 이유를 심리학에 서 분석한 내용과도 일맥상통한다.

과학 연구 결과에 따르면, 모든 생물은 전자파를 방출하고 이 자기 장은 각 생물의 영혼과 성격을 나타내는 코로나를 형성한다고 한다.

또 사람의 몸에는 감지기가 장착되어 있어서 아주 사소한 부분까지 무수히 많은 정보를 감지함으로써 다른 사람의 마음을 읽을 수 있고 그것을 토대로 그 사람을 좋아할지 멀리할지 결정한다고 한다.

숨 가쁘게 변화를 거듭하는 오늘날에는 모든 정서가 자신도 모르는 사이에 겉모습에 드러난다. 주위를 둘러보면 어느 누구 하나 고생하지 않는 사람이 없고 굳이 들쑤시지 않아도 이미 모두 험난한 인생을 살고 있다. 옷을 잘 입는 게 자유롭고 편안한 일상 같아 보이지만 이런 것도 자기 내면을 부단히 수양하고 희생하고 인내하고 부지런히 노력해야만 가능한 일이다.

만약 누군가가 내면만 아름다우면 된다고 말한다면 나는 그 사람에게 자신에게 어울리는 옷을 골라 입을 줄 알아야 '아름다움'을 논할 수 있다고 얘기해주고 싶다.

# 안전지대 벗어나기 :
# 자유를 위한 자율

진정한 자율을 실천하려면 먼저 자신을 알고 자신을 믿어야 한다. 맹목적인 자기 구속, 자기 압박, 자아비판은 자율이 아니다.

란蘭은 아이를 낳고 나서 '미시족'이 되겠다고 큰소리를 떵떵 쳤지만 그 바람이 연기처럼 사라져버려서 친구들 모임에 나올 때마다 툴툴거렸다.

"매일 아이랑 늦게까지 씨름하니까 아침에는 눈을 뜨자마자 더 자고 싶어. 이제 예뻐지려 애쓰는 건 남의 일이 됐고 난 편한 게 좋아. 입 냄새도 나고 똥배는 항아리처럼 불룩 나오고 반점도 생기고……."

란은 이렇게 말하더니 감정에 북받쳐서 "아이를 낳지 않았어야 했어."라고까지 했다.

란이 가고 나니 이번에는 두 살짜리 아이를 둔 샤오메이小美가 자기 얘기를 풀어놓았다. 그녀도 란처럼 아이가 자라서 세 살 정도 되면 화장을 다시 하려고 마음먹었다. 그런데 아이가 막상 세 살이 되고 보니 이른 아침에 아이를 유치원에 데려다 주어야 해서 외모를 꾸미기가 쉽지 않았다. 그러던 어느 날 길에서 한 친구를 우연히 만났는데 그 친구가 자신을 알아보지 못한 일이 있었다.

그때 충격을 받은 샤오메이는 평생 우중충한 모습으로 살아갈 수는 없다며 마음을 바꿔 먹었다. 다음 날, 그녀는 기를 쓰고 평소보다 삼십 분 일찍 일어났다. 가족들의 코골이 소리를 들으며 세수를 하고 꼼꼼하게 메이크업 베이스도 바르고 아이라인도 그렸다.

그런데 기적처럼 그날 하루 종일 기분이 좋았다. 지나가던 행인도 그녀를 보고 미소를 지었고 아이도 그날따라 유난히 엄마를 좋아했다. 그런 생활을 한 달간 지속하고 나니 이제 더는 꾀죄죄한 몰골로 문 밖을 나갈 엄두가 나지 않았다. 그녀는 이미 더욱 아름다워진 자신의 모습에 익숙해졌고 스스로 생활을 통제하는 자율적인 삶을 선택한 덕분에 심리 상태도 더욱 안정되었다.

잠을 더 잘 것인가, 아니면 일찍 일어나서 화장을 할 것인가 하는 일상의 사소한 부분에서도 우리는 방종과 자율 중에서 어떤 인생을 살 것인지 선택의 기로에 선다.

마음 놓고 실컷 자고 싶지 않은 사람이 어디에 있겠는가. 누군들 방종한 삶이 주는 짧은 쾌감을 느끼고 싶지 않겠는가. 스스로 목표를 세운 뒤에 장애를 극복하고 희생을 치르며 목표를 실현한다면 이야말로 승리한 인생이다.

그런데 이렇게 자율적인 삶을 추구해야만 인생에서 만족감과 기쁨을 느끼고, 자율적인 삶이 익숙해지면 자율성을 더 끌어올려서 강화해야 한다는 사실을 아는 사람은 드물다.

자유는 서양에서 비롯된 말로 원래 두 가지 의미가 있다. 하나는 스스로 결정한다는 뜻이고, 또 하나는 스스로 절제한다는 뜻이다. 보통 성공한 인생을 거론할 때 사람들은 자기 구속에 관한 말을 많이 한다. 왜냐하면 성공은 수차례 절제한 끝에 찾아오는 단 한 번의 보상이기 때문이다.

나는 어릴 때 발레를 배웠다. 연습을 처음 시작할 때는 앙감질, 다리 찢기, 스트레칭 등 전부 다 너무 단조롭고 고통스러웠다. 그런데 하루는 양적 변화에서 질적 변화로 발전되었는지 별안간 몸이 쫙쫙 펴지고 마치 득도한 사람처럼 회전도 잘되고 동작도 가뿐했다. 그렇게 몸이 자유로워지니 연습이 더없이 즐겁고 재미있었다.

사람들이 흔히 말하는 성공은 욕망을 절제한 뒤에 잭팟처럼 터지는 어마어마한 보상이라는 것을 발레를 하면서 처음 깨달았다. 이 보상에는 물질적인 것은 물론이고 만족감과 성취감도 포함된다.

차이캉융蔡康永(대만의 유명 진행자이자 엔터테이너-역주)이 예전에 한 말이 있다.

"열다섯 살에 수영을 배우다가 어렵다고 포기하면 열여덟 살에 좋아하는 여자가 나타나서 수영하러 가자고 할 때 "수영 못 해."라는 말밖에 할 수 없습니다. 열여덟 살에 영어 공부가 어렵다고 포기하면 스물여덟 살에 꽤 괜찮은 일자리를 찾았는데 영어 실력을 요구할 때 어쩔 수 없이 "영어는 못 합니다."라고 대답해야 합니다. 인생 초반에 하기 싫은 일이 많고 배우는 것을 귀찮아하면 훗날 끌리는 사람이나 좋은 일을 만나도 잡지 못할 가능성이 크고 행복도 멀어질 겁니다."

인생 초반에는 자율적인 삶이 꽤나 고통스럽지만 인생 후반에 자유로운 선택을 하기 위해서는 꼭 거쳐야 하는 과정이다.

BBC(영국 공영 방송)의 한 감독이 다양한 계층의 가정 열 곳을 사십여 년 동안 추적하여 제작한 〈56 업〉이라는 유명 다큐멘터리가 있다. 감독은 촬영 후일담으로 중산층 가정은 결혼 생활이 무미건조할 것 같았는데 막상 지켜보니 뜻밖에도 가장 오랫동안 행복하게 살았다고 전했다. 그는 이 점과 관련하여 한 가지 질문을 던졌다.

"매사를 정석대로 확실하게 하는 이성적인 사람이 더 행복할까요? 아니면 어디든 발길 닿는 대로 가고, 하고 싶은 대로 행동하는 감성적인 사람이 더 행복할까요?"

이 질문의 답은 한 가지로 특정할 수 없다. 사람마다 행복의 정의가 다르기 때문에 영원히 두 가지 답이 공존할 것이다. 그러나 감독의 대답은 한쪽 방향으로 약간 기울어 있었다.

"겉으로는 정석대로 사는 사람이 재미없고 지루해 보이지만 의외로 그런 삶 속에는 여유가 있습니다. 그러나 자유롭게 내키는 대로 살면 예상과 달리 혼란이 뒤따라서 끝까지 자유롭고 만족스럽게 살 수 있을지는 미지수입니다."

철학자 칸트Immanuel Kant는 자율이 곧 자유라고 했다.

하지만 또 어떤 이는 이렇게 말한다.

"자율적으로 행동하려고 할 때마다 억눌린 욕망이 더욱 용솟음쳐서 결국엔 욕망에 지고 말아요."

예를 들면 체중이 120킬로그램인 사람이 두 달 만에 72킬로그램으로 줄이기로 결심하고 스스로 절제하며 열심히 노력하다가 끝내 좌절하는 경우다. 좌절하고 나서는 아마 이렇게 말할 것이다.

"일 년 동안 120킬로그램에서 72킬로그램으로 줄이는 데도 인내심과 절제력이 필요한데 두 달 만에 하겠다고 마음먹은 건 요행을 바라고 도박을 건 셈이었다고 봐야지."

자율은 철저한 자아 인식에서 비롯된다. 우선 자신이 절제해야 하는 일을 정확히 파악하고 자신의 능력으로 감당할 수 있는지 따져봐야 자율적인 삶이 가능하다. 그러기 위해서는 냉정함이 필요하다. 체중 관리도 노름꾼처럼 내기하듯이 하면 안 되지만 인생도 도박하듯이 무모하게 살면 큰코다친다.

그러나 인간의 의지력에는 한계가 있어서 언젠가는 바닥이 날 텐데 어떻게 끝까지 자율적인 삶을 유지할 수 있을까? 가장 좋은 방법은 객관적이고 자율적인 환경을 조성하는 것이며, 주관적인 노력만으로는 불가능하다. 이를테면 집에서 업무를 보고 싶을 때는 휴대폰을 다른 방에 가져다 두고, 다이어트를 하는 기간에는 집에 있던 간식을 몽땅 다른 사람에게 줘버리는 것이다. 이렇게 하면 SNS를 하고 싶을 때 휴대폰을 가지러 자리를 옮겨야 하고 식탐이 생길 때 일부러 먹거리를 사러 나가야 해서 절제하게 된다. 이런 소소한 일이라도 조금씩 참으면 최초의 목표를 잊지 않고 꾸준히 실천해나갈 수 있다.

절제하기 힘든 위기 상황에는 항상 스스로를 자극해야 한다. 예컨대 저녁밥을 먹고 나서 운동하기 귀찮을 때, 운동을 안 해서 체중이 또

120그램 늘면 훈남과의 거리도 점점 멀어진다고 상상하는 것이다. 삶의 밸런스를 맞출 줄 알면 자율적인 삶의 단점이 많아서 균형이 깨지더라도 단점을 개선하여 장단점의 갭을 조금이라도 줄일 수 있다.

자율적인 삶은 오래 준비해야 하는 것도 아니고 대단한 결심이 있어야 시작할 수 있는 것도 아니다. 주변의 작은 일부터 하나하나 지금 당장 바로 이 자리에서 시작하면 된다.

그렇다면 얼마나 작은 일부터 시작하면 될까?

친구 레베카Rebecca는 자기만의 '능률 수첩'을 만들었다. 그 수첩은 간단히 말해서 하루 계획부터 일 년 치 계획까지 상세하게 적고 계획을 하나씩 실천할 때마다 체크 표시를 하는 용도다. 수첩에는 몸매 관리 상태를 비롯해서 소속팀은 물론이고 마인드 컨트롤에 관한 것까지 빈틈없이 꼼꼼하고 철저하게 적혀 있다.

하루는 레베카의 동료가 코웃음을 치며 그녀를 비웃었다.

"그렇게 살면 안 피곤해요? 인생을 다시 선택할 수 있다면 멋대로 사는 인생을 살아보고 싶진 않아요?"

레베카가 의미심장하게 대답했다.

"시간을 효율적으로 관리해서 사소한 일을 다 처리해야만 내가 정말로 좋아하는 일에 더 많은 시간을 쓸 수 있어요. 전 머릿속을 비우고 멍 때리면서 아무 생각 없이 노는 걸 좋아하거든요. 계획을 계단식으로 하나씩 완수하면 인생을 성큼성큼 앞서 나가는 기분이 들어요. 경제적인 것이든 인지적인 것이든 모두 다요. 이렇게 하면 하기 싫은 일은 덜 하고, 보고 싶지 않은 사람은 덜 보고, 가기 싫은 곳은 덜 가게 되죠. 능률 수첩으로 계획과 시간을 부지런하게 꼼꼼히 관리하면 오히려 인생이 훨씬 자유로워져요."

방종은 쉽지만 안전지대에만 머무르는 삶이고, 자율은 인간미가 없지만 안전지대를 벗어나서 도전하기 위해 꾸준히 노력하는 삶이다. 하지만 재미있는 현상은, 날마다 울고 불며 자율을 외치고 안전지대를 벗어나려던 사람이 도리어 불안감에 깊이 빠져버리기도 한다는 것이다. 왜 그럴까?

사실 자율적인 삶도 균형을 이루어야 한다. 심각한 불안감과 과도한 편안함은 본질상 같은 감정이며, 어떤 상황에 대한 인식이 고착화되고 업그레이드되지 못해서 생기는 감정이다. 그래서 결국엔 사고를 멈추게 하고 인지 능력이 극도로 불확실한 상태가 되어 삶도 갈팡질팡한다.

이 두 감정 앞에서 우리가 할 수 있는 유일한 선택은 둘 사이의 동적 균형점을 찾는 것이다. 인지가 불확실한 상태에서 비교적 확실한 상태로 꾸준히 변화하다가 더 이상 변화하지 않는 상태에 접어들면 이 상태를 유지하기 위한 굳센 인내심이 필요한데, 이때 우리는 자율을 배운다.

그러므로 진정한 자율을 실천하려면 먼저 자신을 알고 자신을 믿어야 한다. 맹목적인 자기 구속, 자기 압박, 자아비판은 자율이 아니다.

자율적인 삶을 위해 얼마나 작은 일부터 시작해야 할까? 세상의 변화에 발맞춰서 자신의 계획도 꾸준히 수정하고 변화시키면서 계획을 하나씩 이룰 때마다 체크 표시를 하자.

인생 계획을 올바른 방향으로 세우면 반드시 실천하고 완성할 수 있다. 그러면 행복으로 가는 길도 열리고 인생의 참된 의미도 깨달을 수 있다. 계획을 실천하고 완성하는 사이에 자율적인 삶은 고되지만 방종하는 삶은 그보다 더 고되다는 사실을 뼈저리게 느끼기 때문이다. 그러나 한 가지 반가운 소식은, 모든 자율은 결국 '자유'라는 단 하나의 목적지로 향하는 길이라는 것이다.

# 자율적인 삶 설계하기 1 :
## 아름답게 변신하기

아름다움은 자아 인식의 산물이다. 〈넌 아름다워도 돼〉라는 제목의 시나리오를 써서 장기간 시나리오대로 심리적 암시를 주고 행동을 일치시키면 어느 정도 시일이 지났을 때 자신이 원한 시나리오 속 모습으로 반드시 변한다.

S는 언젠가 살을 빼든지 죽든지 둘 중에 하나를 꼭 하겠다고 했다. 나는 최고의 성형은 수술이 아니고 체중 조절이니 내 말을 믿으라고 하고 싶었다.

인터넷에서 유명 스타의 다이어트 전후 사진을 대충 검색만 해봐도 "왜 살을 빼야 해?"라는 말이 얼마나 부질없는 질문인지 금방 안다.

페미니스트는 아마 내 말을 듣고 여자에게 엄격한 잣대를 들이대며 자신을 핍박하지 말라고, 여자는 남자의 심미 욕구를 충족시키는 희생양이 아니라고 반박할 것이다. 하지만 난 아름다워지기 위해 살을 빼라고 한 적도 없고 살을 빼서 남을 기쁘게 해주라고 하지도 않았다.

대학교 1학년 때 나는 학업 스트레스에서 벗어나자 체중이 갑자기 72킬로그램까지 불었다. 그때 내 체형은 평소와 완전히 다른 모습으로 변해버렸다. 어쨌든 살은 이미 많이 쪘고 당시 유행하던 패션을 따라가기도 귀찮아서 되는 대로 옷을 집어서 걸치고 다녔다. 계절이 바뀌어도 계절에 맞는 화장품으로 바꿀 생각을 하지 않았고 삼중 세안법도 꾸준히 하지 못했다. 밤 열두 시가 넘었는데도 게임을 계속하며 '튜브' 같은 뱃살을 쓰다듬다가 겁도 없이 또 배달 음식을 시켰다. 한 마디로 내 멋대로 살았다.

'깨진 유리창 이론'이라는 것이 있다. '깨진 유리창 한 장'이 나쁜 상황을 더욱 악화시킨다는 뜻이다. 바닥이 티끌 하나 없이 깨끗하면 그 상태를 유지하려고 각별히 신경 쓰지만 바닥이 지저분하면 저도 모르게 주의를 하지 않아서 담배꽁초도 마구 버린다.

나쁜 현상은 한번 생기면 그에 관한 정보가 널리 퍼져서 한없이 확산된다. 이와 같은 이치로 한 사람의 외모는 그 사람의 심리 상태에 중대한 영향을 미친다.

아들을 출산하고 나서 나는 한 달 만에 임신 전의 체중으로 회복했다. 생활 리듬을 스스로 잘 제어하고 자제력을 잃지 않아서 아이를 낳고 난 뒤에도 산후 우울증에 걸리지 않았다. 오히려 나에겐 아들과 남편이 있고 아직 젊다는 생각에 행복감을 만끽했다.

이런 감정들은 내재적인 것이므로 남들이 어떻게 평가하든 난 전혀 개의치 않는다. 사람들은 현재 우리가 살고 있는 이 사회에서 여자는 돈이 있어야 큰소리를 떵떵 치면서 살 수 있다고 한다. 하지만 내 생각으로는 그런 뱃심보다는 인간으로서 갖춰야 할 기본 조건이 더 중요하다. 말하자면 여자로서 갖춰야 할 기본 조건은 아름다움이다.

내가 인터뷰했던 인물 중에 성공한 여성으로서 대중의 존중을 받는 사람은 대체로 몸매가 좋았다. 마흔 살이 넘고 출산을 했는데도 보디라인이 여전히 살아 있는 여성을 만나면 존경심이 들어 머리를 숙이게 된다. 왜냐하면 그런 몸매를 만들려면 중력, 신진대사, 남녀 간의 팽팽한 사회관계 속에서 얼마나 많은 대가를 치러야 하는지 잘 알기 때문이다.

이렇게 자기 관리를 잘하고 자율성이 높은 사람은 자기만의 가치관과 스타일이 분명해서 남들보다 더 나은 인생을 사는 것이다.

한 사람이 살아온 내력은 체중으로 설명된다. 다시 말해 체중과 보디라인은 그 사람의 운명 곡선인 셈이다.

내가 아는 한 언니는 사업 감각이 뛰어나고 집안 형편이 좋아서 스물다섯 살에 부잣집에 시집갔다. 그런데 아이가 중학교에 다닐 때 남편이 집에 오더니 진정한 사랑을 만났다면서 재산 분할 협의 서류를 정중히 건네고 미안하다는 말을 덧붙였다. 이 사건은 그녀의 인생 최대의 고비였고, 이 일로 별장에 틀어박혀서 혼자 방탕하게 지냈다. 배우 관지림關之琳처럼 예쁘던 그녀는 나중에 다시 만났을 때 80킬로그램이 넘는 거구로 변해 있었다.

문을 열어주는 언니를 보며 내가 얼마나 놀랐던지, 그때 기억은 아마 평생 못 잊을 것 같다. 살이 찐 얼굴은 푸석푸석했고 눈동자는 풀려 있었고 몸은 무뎌 보였다. 썩은 것부터 악한 것까지 온갖 나쁜 기운이 그녀에게서 풍겨 나오는 듯해서 당장이라도 그 자리에서 도망가고 싶었다.

나와 언니와 친하게 지내는 한 친구는 그녀에게 다가가서 뺨을 한 대 때렸다.

"언니, 이럴 거면 차라리 죽는 게 나아."

친구는 그때부터 매일 그녀 곁에서 음식도 챙겨주고 건강도 돌봐주고 같이 산책도 하며 그녀의 하소연도 들어주었다. 그리고 일 년 뒤, 언니의 체중은 원래대로 돌아왔고 이혼하고 위자료로 받은 돈으로 회사를 차렸다. 그래서 지금은 상장 회사의 사장이 되었고 재혼한 남편과 달콤한 시간을 보내고 있다.

지난주에 베이징에서 그 언니를 만났는데, 그녀는 콤 데 가르송Comme des Garcons 구두를 신고 있었고 피부는 탱탱했고 눈빛은 살아 있었다. 헤어질 때 언니가 말했다.

"동부에 새로 생긴 요가원이 있는데 같이 가자. 참 좋아."

쉰 살인 언니가 에르메스Hermès 핸드백을 들고 돌아설 때 나는 그녀의 개미허리를 보았다. 내가 남자였다면 그녀에게 언니한테 돈이 있든 없든 한순간에 사랑에 빠졌을 것이다.

체중 관리는 단순하게 몸무게 수치에만 의미를 두지 않는다. 체중을 변함없이 유지한 것은 세월에 지지 않았다는 뜻이고 세상과 타협하지 않는다는 의지가 담긴 행위다. 세월은 몸속의 콜라겐을 야금야금 좀먹겠지만 마음만 먹으면 탄력 있고 가벼운 몸을 유지할 수 있다. 여자는 일정 나이가 지나면 젊은 아가씨처럼 순진하지 않으므로 체면이 중요하다.

그렇다면 체면을 유지하는 비결은 뭘까? 일정량의 운동을 반드시

하는 것이다. 무조건 피트니스 센터에 가서 땀을 비 오듯 흘리면서 운동하라는 뜻은 아니다. 그건 여자에게 상당히 부담스러운 운동이다. 매일 산책 삼십 분, 윗몸 일으키기 오십 개라도 꾸준히 하면 한 달 안에 효과가 나타난다.

음식도 조절해야 한다. 음식을 조절하는 것은 곧 욕망을 훈련하는 것이다. 폭음과 폭식은 일종의 심각한 내적 결핍의 결과이므로 살을 빼려면 먼저 심리 상태가 안정되어야 한다.

살이 빠졌을 때의 변화는 체중계상의 숫자에서만 나타나는 것이 아니다. 걸을 때 힘이 넘쳐서 발걸음이 씩씩해지고 목이 꼿꼿하게 서며, 삶에 찌들어서 기운 없이 몸을 앞으로 축 늘어뜨린 모습은 온데간데 없어진다. 몸매, 생활 방식, 나아가 사고방식까지 모두 몰라보게 달라진다.

몸매를 날씬하게 가꾸어본 적이 없는 사람은 미인이 된 느낌을 모를 것이다. 세상에 여자로 태어나서 가장 중요한 경험을 하지 못하는 셈이다.

오늘부터 300칼로리의 캐러멜을 저지방 요구르트로 대체하자. 식사량은 평소의 70퍼센트로 줄이고 아쉬워도 웃으며 수저를 내려놓자. 계단을 이용할 수 있을 때는 굳이 엘리베이터에 몸을 싣지 말자. 생활습관부터 바꾸기 시작해서 일단 살이 조금씩 빠지면 살이 찐 자신의 모습을 더는 용납하지 못할 것이다. 아름다움은 중독 같아서 한번 누려보면 그 희열을 떨치기 어렵기 때문이다.

일본의 인기 드라마 〈현자의 사랑賢者の愛〉에서는 젊은 꽃미남이 어

머니뻘 되는 여자와 사랑에 빠진다. 막장 같은 스토리는 차치하고 젊은 꽃미남이 왜 그런 사랑을 멈추지 못했을지 생각해보자. 남자는 단순히 여자의 지성미와 성숙함에 매력을 느꼈던 걸까? 그렇지 않다. 여자는 지성미와 성숙함을 지녔음은 물론이고 탄력 있는 피부와 완벽한 몸매를 유지하고 있었고 생기도 넘쳤다. 남자는 여자의 그런 모든 모습에 반한 것이다. 여주인공 역할을 한 배우 나카야마 미호中山美穗가 극 중에서 지금보다 20킬로그램 정도 살이 쪘다면 사도마조히즘 Sadomasochism 스토리 속의 아름다움과 짜릿함을 느끼지 못하고 잔혹하면서도 우습게만 보였을 것이다.

아름다움은 자아 인식의 산물이다. 여자가 아름다움을 추구하는 자아 인식의 과정은 〈넌 아름다워도 돼〉라는 제목의 시나리오를 써서 장기간 시나리오대로 심리적 암시를 주고 행동을 일치시키는 것과 같다. 그렇게 하면 어느 정도 시일이 지났을 때 자신이 원한 시나리오 속 모습으로 반드시 변할 뿐만 아니라 서투른 모방자에서 진짜 주인공으로 서서히 변모한다.

이 과정을 어떤 사람은 수행이라고 하고 또 어떤 사람은 자기 조형이라고도 한다. 사실 개념은 전혀 중요하지 않고 행동으로 옮기는 것이 중요하다. 중년이 되면 보통 몸태가 흐트러져서 점점 엉망이 된다. 몸태를 보기 좋게 유지하는 것이 말은 쉽지만 실천하기가 어려운 탓이다.

영화에서처럼 젊은 꽃미남에게 사랑받기 위해서 몸매를 관리하는 것은 아니다. 몸매를 관리함으로써 심적으로 그 같은 사랑을 받을 만한 자격을 갖춘다는 데에 의미가 있다.

중년에는 물질적으로는 비교적 불편함 없이 살지만 죽기 살기로 아름다운 몸을 만들기 위해 노력하는 자세가 부족하다.

만약 아직까지 간신히 아름다움을 유지하고 있다면 앞으로도 그 아름다움을 절대 잃지 않길 바란다.

# 자율적인 삶 설계하기 2 :
# 운동으로 새 인생 가꾸기

운동은 외롭고 고통스러운 일이지만 정신이 맑아지고 생각이 또렷해져서 자기가 진정으로 바라는 것이 무엇인지 알게 된다. 또한 운동을 하는 동안 자신을 극한으로 내몰면 스스로 무언가를 결정할 수 있는 힘도 생긴다.

내 친구 샤오타이小台는 어릴 때 부모님이 이혼해서 안정된 삶을 누리지 못했다. 그럼에도 명문 대학에 입학하고 세계 일류 기업에 취직하고 현명한 남편을 만나서 아이도 낳았다. 그러나 출산한 뒤에 몸이 심하게 망가지자 그녀는 또 삶이 불안해지기 시작했다.

한번은 우연한 기회에 검도 체육관에 갔다. 주로 소시민들이 즐겨 찾는 곳이었는데 훈련 과정이 힘들었다고 했다.

"여름에는 두꺼운 도복 위에다가 몇 킬로그램이나 나가는 호구를 착용하고 두건에 호면까지 쓰면 꼼짝 않고 서 있기만 해도 땀이 미친 듯이 흘러. 그 상태로 구령에 맞춰서 정해진 횟수만큼 지정한 동작을 끝마쳐야 해."

검도는 예의를 상당히 중시하는 운동이다. 동작이 다소 폭력적으로 보이긴 하지만 '군사 훈련'같이 상당히 절도가 있다. 훈련을 시작하기 전에는 늘 먼지 한 톨 없이 깨끗한 일본식 방 안에 반듯이 앉아서 명상을 하고 검신劍神이 있는 방향을 향해 참배도 한다. 훈련이 끝난 뒤에는 파트너로 정해진 선배와 스승님에게 한쪽 무릎을 꿇고 가르침을 청한다.

샤오타이는 죽도만 들면 다른 사람이 된다. 목표물을 향해 온 정신을 집중하여 우렁찬 기합 소리를 내며 거침없이 진격하는 그녀는 무사로서 공격과 방어를 즐기는 듯이 보였다. 검을 휘두르고 다시 거두는 사이 그녀는 우아한 몸짓으로 격전을 치르고 끝을 맺었다.

그런데 그녀에게 신기한 변화가 일어났다. 아무도 그녀의 불안감을 해소해주지 못했는데 운동을 하면서 불안감이 싹 사라진 것이다. 샤오타이가 말했다.

"검도는 다이어트 효과만 있는 게 아니었어. 몸과 마음을 전부 풀어주더라."

그녀는 검도 덕분에 자신과 싸워 이기는 용기가 생겼고 전보다 훨씬 강해졌다고 했다.

"딸이 벌써 두 돌이 지났는데 내년 이맘때에는 딸이랑 같이 검도 연습을 하고 싶어. 내가 검도 선배로서 딸을 지도하고 강인함과 겸손함을 길러줄 거야. 단체 생활에서 윗사람과 아랫사람을 대하는 법도 가르칠 거고. 나도 검도를 하면서 배운 것들인데 내 딸도 나처럼 그런 다양한 경험을 했으면 좋겠어."

여자도 운동을 하면 생활에서 안정감을 느낄 수 있을까? 물론이다.

운동을 떠올리면 땀부터 생각나지만 운동은 꾸준한 성실성을 바탕으로 스트레스를 감내하며 책임감으로 완수하는 용기가 필요한 일이기 때문이다.

달리기는 이미 대중적인 운동으로 자리를 잡아서 나처럼 게으른 사람도 최근에는 아이가 잠든 뒤에 남편과 함께 이어폰을 귀에 꽂고 달리는 야간 러너가 되었다.

운동을 시작하기 전에 나는 달리기라는 이 평범한 운동을 색다른 관점에서 멋지게 표현한 글 두 편을 읽었다. 하나는 무라카미 하루키의 에세이 《달리기를 말할 때 내가 하고 싶은 이야기》이고 다른 하나는 존 파커John L. Parker의 소설 《Once a Runner》다.

무라카미 하루키는 작가가 되기 전에 도쿄 시내 중심가에서 재즈 바를 경영하며 혼탁한 공기 속에서 밤늦도록 일했다. 작가가 되고 나서는 보통 하루에 몇 시간씩 책상에 앉아서 시간을 보냈다. 그러다 보니 운동을 하지 않으면 금방 체중이 불고 몸태가 망가질 게 뻔했다.

1980년의 어느 날, 그는 별안간 '건강한 생활을 위한 단호한 결심'을 굳혔다. 그날부터 매일 변함없이 아침 다섯 시에 일어나서 업무 몇 가지를 먼저 처리한 뒤에 밖으로 나가서 달리기를 했다. 일주일에 적어도 여섯 번은 뛰고 거리로 따지면 매일 평균 10킬로미터씩 뛰었는데 지금까지도 그렇게 꾸준히 달리고 있다.

그는 글을 쓰느라 뜨거워진 머리를 달리기로 잠시 식히며 진정한 휴식을 즐긴다. 글은 영감을 바탕으로 쓰는 것이라고 여기는 사람이 많지만 실은 그렇지 않다. 글쓰기도 다른 모든 일처럼 끈기가 있어야 한다. 상상력, 이해력, 주의력을 최대치로 끌어올리려면 절대로 간과할 수 없는 점이 한 가지 있다. 무엇일까? 바로 체력을 유지하는 것이다.

무라카미 하루키의 말을 그대로 옮기면 이렇다.

"달리기는 내 신념입니다. 내가 달리기를 꾸준히 하지 않았다면 아마 내 작품은 지금 나와 있는 것들과는 완전히 다른 글이었을 겁니다."

무라카미 하루키는 마라톤을 특히나 좋아한다. 2004년에 잡지 〈러너스 월드Runner's World〉와 인터뷰했을 때 그는 세계 마라톤 대회 중에서 보스턴Boston 마라톤 대회를 가장 좋아한다고 했다. 왜냐하면 코스에 내리막길이 많아서 항상 힘이 버겁고 얼마나 빨리 뛰어야 하는지 감을 잡기 어렵기 때문이다. 익숙한 대회인데도 줄곧 낯선 느낌이 들어서 항상 불안하고 긴장되었다고 했다.

"아무리 도전성이 강한 대회였어도 어쨌든 마지막엔 코플리 광장Copley Square에 마련된 결승선을 통과했고, 마라톤을 끝낸 뒤에는 리걸 시 푸드Legal Sea Foods 레스토랑에서 바지락 찜을 먹고 사무엘 아담스Samuel Adams 맥주를 마셨어요. 그 순간이야말로 제 인생 최고의 시간입니다."

무라카미 하루키의 이 말은 내가 들은 인생 에피소드 중에 가장 행복한 스토리였다.

난 종종 그가 한겨울에 달리기를 하는 장면을 상상한다. 그는 아마 쌩쌩 부는 찬 바람에 몸을 오들오들 떨면서 준비 운동을 꽤 오래 한 뒤에 파트너 없이 혼자서 앞만 보고 달려갈 것이다. 그렇게 땀을 흘리며 달리면 출발선에서 점점 멀어져서 작고 까만 점으로 보인다.

무라카미 하루키는 운동 덕분에 자기 몸을 진심으로 존경하게 되었다고 했다. 나는 그가 운동으로 끈기를 길렀기에 그의 일에서 성취를 거두고 예순이 되어서도 정신과 육체의 건강을 같은 수준으로 유지하며 행복한 삶을 누리고 있다고 생각한다.

존 파커는 일찍이 플로리다 대학의 달리기 대회에서 여러 기록을 세웠다. 미국 장애물 장거리 달리기 대회에도 출전해 우승을 차지했고 1972년에는 올림픽 훈련에도 참여했다. 삼십여 년 전, 그는 'Once a Runner'라는 제목으로 자신의 이야기를 글로 썼지만 책으로 내주겠다는 출판사가 없어서 어쩔 수 없이 직접 책을 만들어서 판매했다. 그런데 독자들로부터 입소문이 나기 시작하면서 책은 단숨에 약 십만 권이나 팔려 나갔고 그 바람에 한동안 미국 도서관에서 도난율이 가장 높은 소설로 손꼽히기도 했다.

이 책에는 "달리기를 시작할 때 얼마나 빠른 속도로 뛰는지는 중요하지 않다. 핵심은 피로할 때 얼마나 빨리 달릴 수 있느냐 하는 것이다."라는 식으로 그가 터득한 달리기 경험의 핵심만 뽑아서 실었다.

"종착점까지의 거리가 가장 먼 지점은 첫 번째 바퀴의 시작점이 아니다. 달리기는 세 번째 바퀴부터 본격적인 레이스가 시작되며 세 번째 바퀴는 장거리 달리기의 축소판이다. 이때부터 역경이 시작되지만 생명에는 지장이 없다. 달리다 보면 난관도 차례로 극복하고, 장난감 하나 없는 크리스마스처럼 쓸쓸하기도 하고, 한밤중에 버스 정류장에 우두커니 앉아 고뇌하는 기분도 든다. 그렇게 달리다가 세 바퀴째가 되면 그 이후로는 이를 앙다물고 뛰는 것 말고는 다른 생각을 할 겨를

이 없다."

"달리기 선수는 구두쇠처럼 항상 자신의 에너지를 꼼꼼하게 잰다. 에너지를 얼마나 썼는지 수시로 확인하고 남은 에너지를 어떻게 분배하여 소모할지 계산한다. 오로지 머릿속에는 에너지가 더 이상 필요하지 않은 시점에 딱 맞춰서 에너지를 다 쓰려는 생각뿐이다."

그렇다면 운동의 의의는 어디에 있을까? 운동은 외롭고 고통스러운 일이지만 정신이 맑아지고 생각이 또렷해져서 자기가 진정으로 바라는 것이 무엇인지 알게 된다. 또한 운동을 하는 동안 자신을 극한으로 내몰면 스스로 무언가를 결정할 수 있는 힘도 생긴다.

처음에 나는 체형을 유지하려고 야간 러닝을 시작했다. 그런데 막상 달리기를 시작하고 보니 달리기는 참 고독한 운동이고 달리는 사람은 마치 임무를 수행하는 닌자 같다는 생각이 들었다. 달리기 같은 폐쇄적인 운동은 속내를 드러내기를 꺼려하는 사람에게 잘 맞는다.

달리기의 지루함을 견디기 힘든 사람은 예측이 불가능한 개방적인 운동을 좋아한다. 그래서 운동을 통해 타인의 승리를 기뻐하는 동시에 자신의 실패를 감내하는 능력을 단련한다.

운동의 의의는 왜 중요할까? 운동을 하면 표면상으로는 신체가 개선되지만 내면으로는 의지가 강해지는 효과가 있기 때문이다.

가만히 생각해보면 모든 운동에는 심오한 의미가 담겨 있다. 무술의 도는 신체 운동을 통해 정신을 단련하는 경지고, 양궁의 기술은 훈련된 힘을 버리고 본능에 내재된 역량을 끌어내는 것이며, 테니스는 한 게임에 약 800~1,200번의 선택을 해야 하는 운동이다.

지극히 일상적인 운동도 단기간 안에 신체에 지대한 영향을 미친다.

요가를 단련하면 심신이 편안해진다. 5초간 코로 천천히 숨을 들이마시다가 2초간 그 상태를 유지하고, 다시 5초간 천천히 숨을 내쉬면서 폐 안의 공기를 남김없이 다 밖으로 배출한다. 〈대체보완의학저널 The Journal of Alternative and Complementary Medicine〉에서 발표한 한 연구 결과에 따르면, 매주 세 번, 한 시간씩 요가를 하면 체내의 신경 전달 물질의 밸런스가 좋아져서 불안감이 완화되고 마음이 편안해진다고 한다.

또 배드민턴은 신체 에너지를 증가시킨다. 미국 조지아 대학교The University of Georgia 연구팀은 삼십 분 동안 배드민턴을 치면 온몸의 근육이 깨어나는 느낌이 들면서 에너지가 재충전되어 게임을 다시 시작할 수 있는 힘이 솟는다고 했다.

어쨌든 간에 모든 운동은 자신과의 싸움이다. 그 과정에서 우리는 자기 자신을 차츰 알게 되고 내적 바람을 행동으로 실천하게 된다. 유명 테니스 선수 리나李娜는 "운동이 외딴섬처럼 고독해서 사람은 한 팀으로 운동하나 봐요."라고 말하기도 했다.

심리학을 통해서도 운동을 하면 인생이 달라진다는 사실을 증명할 수 있다. 운동은 사람이 체력과 의지에 대항해서 기존의 인지를 타파하고 새로운 인지를 형성하도록 하는 전형적인 인지 치료 방법이기 때문이다.

예를 들어 링 위에서 상대방에게 맞아 열한 번 쓰러진 사람이 열두 번째에 드디어 상대방을 때려눕히고 나면 마침내 자신의 끈기와 냉철

함과 용기가 얼마나 값진 것인지 깨닫는 식이다. 그 사람은 한 마디로 '자기규정'의 경계를 허물고 새로운 진전을 이룬 것이다. 인생에서 매사를 성공으로 이끄는 힘은 개인의 능력이 아니라 강한 자신감이다.

운동을 하면서 땀을 시원하게 흘리면 불안감이 사라지고 신체 기능이 향상되면 행동이 민첩해지고 체력이 좋아진다. 그러므로 내적으로 자아를 분명히 인식하면 신체 또한 새롭게 변모하고 이 과정에서 정신과 신체가 상호 작용을 반복한다.

이렇게 마음과 몸이 상호 작용하여 새로운 모습으로 탈바꿈하면 어떤 환경에 처하더라도 더 성숙한 또 하나의 자신으로 빠르게 변신할 수 있다.

운동은 과연 얼마나 중요한 것일까? 의기소침하고 절망했을 때, 캐비닛 뒤에 숨어서 울고 싶을 때, 욕조 안에 쪼그리고 앉아서 물에다가 분풀이할 만큼 화가 날 때는 실내에서 소란을 피우느니 차라리 밖에 나가서 한바탕 달리는 게 낫다. 힘차게 라켓을 휘두르고, 껑충 공중으로 점프하고, 뚝뚝 흘러내리는 땀을 훔치고, 체력이 바닥날 때까지 몸을 움직이면 어느덧 자신이 평화로운 세상으로 들어가 쉬고 있음을 발견하게 될 것이다.

운동은 마음을 정화하는 의식이며 그 결과로 지혜를 터득한다. 이것이 바로 운동의 궁극적 자치다.

# 자율적인 삶 설계하기 3 :
## 수면 지연 증후군 극복하기

밤샘은 겉으로는 스스로 수면을 조절하는 듯이 보이지만 잠재의식 속에서는 그저 멍한 상태일 뿐이다. 수면을 지연하는 이유는 잠자기가 두려워서가 아니라 세상과 단절되는 게 겁나기 때문이다. 다시 말해 '세상과 잇닿은 느낌'을 유지하려고 수면을 지연하는 것이다.

최고의 연설가를 뽑는 서바이벌 오디션 프로그램에 나왔던 여성 출연자 저우시周西는 이 오디션 무대에 꽤 오랫동안 출연했고, 귀엽고 예쁜 얼굴에 학벌도 좋아서 인기가 많았다. 그런데 프로그램을 촬영하던 중에 생리통을 심하게 앓았고 그 덕분에 난소암으로 의심되는 9센티미터 크기의 난소 낭종을 발견했다.

나는 그녀의 연설을 들으며 몇 번이나 충격을 받았는데 특히 이 말이 기억에 남는다.

"지난 일 년 동안 밤 열두 시 전에 잠을 잔 적이 없어요. 새벽 한 시, 두 시, 세 시가 넘도록 잠을 자지 않고 밤새 휴대폰만 손에 쥐고 있었어요. 컴퓨터를 껐는데도 일은 중단하지 못했죠."

물론 이게 도시인의 일반적인 생활상은 아니다. 하지만 최근 몇 년 사이에 갑자기 세상을 떠난 안타까운 사람들의 사례를 한번 보자.

2015년 1월 16일, 서른세 살의 가수 야오베이나姚貝娜는 유방암을 앓다가 영원히 저세상으로 떠났다.

2015년 3월, 중산대학中山大學을 갓 졸업하고 바이두百度의 프로그래머로 입사했던 린타오하이林濤海는 48시간 동안 쉬지도 않고 일하다가 과로로 사망했다.

2016년 6월 23일, 알리바바阿裏巴巴의 데이터 기술 및 제품팀 총책임자로 근무했던 지량吉良은 배드민턴을 치다가 급사했다.

2016년 6월 29일, 온라인 커뮤니티 톈야서취天涯社區의 부주간 진보金波가 베이징 지하철 안에서 별안간 쿵 하고 쓰러졌다. 당시 그의 나이는 겨우 서른네 살이었다.

2016년 10월 6일, 모바일 헬스 케어 서비스 회사 춘위이성春雨醫生을 설립한 장루이張銳는 심근경색으로 마흔네 살에 유명을 달리했다. 춘위이성은 여전히 중국 모바일 의료 서비스 분야에서 선두를 유지하고 있다. 그는 생전에 '불면증에 시달리고 날마다 밤을 샜다.'고 한다.

세상에 건강만큼 소중한 것은 없다.

만날 때마다 융자, 투자, 매니지먼트에 관한 이야기만 하는 한 친구는 항상 잠을 잘 이루지 못한다고 했다. 새벽 두세 시까지 동료에게 메일을 보내고 상품 설계나 비즈니스 모델에 관한 의견을 나누느라 잠을 못 자는 것이다. 매일 제대로 먹지도 못하고 잠을 푹 자지도 못하며 잠자리에 누워서는 사업 자금줄이 끊어질까 봐 걱정했다. 날이 밝아 올 때까지 밤을 꼬박 새우고 나면 초심은 변함이 없는데 아직 때를 못 만난 것이라며 자신을 북돋웠다. 그의 심리적 부담은 결국 몸으로 반응이 나타나서 두세 달 만에 양쪽 귀밑머리가 하얗게 세었고 순식간에 외모가 열 몇 살은 더 늙어 보였다.

나는 중국인이 왜 '새벽 네 시에 불이 환하게 켜진 하버드 대학의 도서관' 풍경에 놀라고 그 같은 스토리에 열광하는지 자주 생각한다. 뜨거운 '학구열'을 대변하는 하버드 대학의 교훈 때문인지, 아니면 하버드 대학의 새벽 네 시 정경을 찍은 사진 때문인지는 몰라도 어쨌든 몇 년 뒤에 그 사진과 스토리는 허구임이 드러났다. 하버드 대학의 와이드너 도서관Widener Library은 평소에 밤 열 시만 되면 문을 닫고 밤새도록 운영하지 않는다.

중국인은 간혹 고난을 겪고 희생하면 원하는 바를 이룰 수 있다고 과신하는 경향이 있다. 내가 고생하고 힘들었는데 성공하지 못하면 말이 안 되는 일이라며 도덕적 대가를 당연시한다. 어떤 일이든지 밤에 잠도 못 자고 종일 편히 지내지도 못하면서 이를 꽉 깨물고 계속 전진만 하는 것은 분명 잘못된 행동이며 일의 방법이나 다른 면에서도 반드시 문제가 생긴다.

야근과 밤샘으로 몸이 피로하면 암에 걸릴 확률이 높다는 사실은 의학적으로도 이미 증명되었다. 장기간 일과 휴식이 균형을 이루지 못하면 신체 기능에 이상이 생긴다. 이는 암을 유발하는 가장 심각한 원인이다.

자기 몸을 미래와 바꾸는 것은 무식하고 미련한 짓이다. 나는 치열한 삶을 반대하진 않지만 건강을 희생하면서까지 치열하게 사는 건 무가치하다고 생각한다.

　인터넷상에서 회자되는 상당히 유명한 말이 있다. '서른 전에는 건강을 희생해서 돈을 벌고, 서른이 넘으면 돈으로 건강을 유지한다.' 하지만 그렇게 해서 과연 마흔 살을 넘길 때까지 살 수 있을까?

　나도 한때는 업무 스트레스 때문에 편집증에 빠져서 밤잠을 못 이룬 적이 있는데 그때 남편의 한 마디에 무척 감동을 받았다.

　"인생은 바둑이야. 이겼다가 졌다가 엎치락뒤치락한다고. 그런 기복은 자연스러운 거야. 하지만 당신 남편으로서 나는 당신이 이 바둑을 좀 오래 두길 바라지. 어떤 일도 당신 건강보다 중요한 건 없으니까."

　남편 말이 맞다. 자신의 건강보다 중요한 건 없다.

　블로그에 '이제伊姐 Q&A' 코너를 만들고 나서부터 심심찮게 주부들의 하소연이 담긴 사연이 올라온다. 남편이 외박했다, 시어머니 등쌀에 시달린다, 아이가 허약하고 말썽을 부린다……. 당연히 제삼자와 관련된 문제도 있다. 사연을 보니 불행한 가정이 꽤 많았다.

　사연을 올린 여성 중 한 명은 방금 예로 든 문제들을 모두 안고 있었다. 그녀는 자기처럼 괜찮은 여자가 왜 좋은 남자를 만나지 못했는지 도통 이해가 되지 않았다. 날마다 눈물로 세수를 하다시피하고 불면증 때문에 밤마다 친구와 메신저로 잡담을 했다. 그랬더니 눈가에는 다크서클이 점점 짙어지고 안색은 갈수록 나빠지고 머리카락이 뭉텅 빠졌다.

　습관적으로 밤을 새우는 사람은 이미 불면증에 걸린 것이며 불면증은 악순환을 거듭한다. 나는 그녀에게 악순환의 고리를 끊어야 한다고 했다. 습관성 불면증은 우울증과 아주 가깝기 때문이다. 또 만약 어떤 사람을 상대로 졌다면 그럴수록 자신을 더욱 잘 지켜야 하고, 현재와 상대해서도 졌다면 자신을 더욱 아끼고 힘을 모아서 미래를 자신의 것으로 만들어야 한다고 조언했다. 그녀는 내 말이 다 맞지만 자신은 할 수 없는 일이라고 대답하기에 내가 덧붙여 말했다.

"병원에 가서 한 바퀴 죽 돌아보세요. 유방암과 난소암 환자를 치료하는 곳을 집중적으로 살펴보고, 가능하다면 화학 치료를 받는 과정도 꼭 알아보세요. 그러면 제 말대로 할 수 있을 거예요."

인생은 통제가 불가능한 시간표대로 흘러가므로 미래와 뜻밖의 일 중에 무엇이 자기 앞에 먼저 다가올지는 아무도 모른다. 어느 날 별안간 자기 인생이 1%밖에 남지 않았다는 통보를 받는다면 어떨지 상상해보자. 현재의 삶은 자신이 바라던 인생인가? 자신이 희생한 대가로 가장 소중한 것을 얻었는가?

저우시의 연설 동영상을 보던 나는 그녀의 한 마디에 눈물이 주르륵 흘렀다.

**"인생에 만약은 없습니다. 후폭풍과 결실만 있을 뿐이죠."**

자신의 행동과 생각을 스스로 제어할 수 있는데도 종종 감상에 빠지는 이유는 완벽을 추구하고 자존감이 높기 때문이다. 육체가 상상도 하지 못한 고통을 감당하기 시작하면 생명이 얼마나 나약한 것인지 금방 깨닫는다. 건강 앞에서는 모든 걱정거리가 이렇게 하찮을 뿐이다.

젊은 시절에는 사랑과 미움 때문에 마음에 상처를 입었다면, 나이가 들어서는 어느덧 자존감이 서서히 사라지면서 병마만 남는다.

의학 다큐멘터리를 보면 차가운 기구가 몸 안으로 쑥 들어올 때의 전율, 레이저로 암세포를 태울 때의 극심한 고통, 시도 때도 없이 방황하는 마음, 남의 손을 빌려서 삶을 유지해야 하는 치욕 등을 간접적으로 경험한다. 병고는 이처럼 인생을 정상인의 삶에서 멀어지게 하고 마치 햇볕 하나 들지 않는 구석진 곳에 사는 기분이 들게 한다.

그렇지만 몸이 건강하면 배우자가 없어도 가족과 친구의 사랑을 받고 맛있는 음식과 아름다운 풍경을 즐길 수 있고 미지의 행복한 일들이 기다린다. 세상이 하루가 달리 변하고 있는데 자신의 미래를 보고 싶지 않은가? 자신감이 그리 약한가?

기억하자. 자신의 건강보다 귀한 것은 없다. 자신의 건강을 희생하고 얻은 휴식은 일말의 가치도 없다.

대다수는 무심결에 밤을 샌다. 특히 엄마들이 그렇다. 엄마들은 아이들이 잠들고 나서야 비로소 자기만의 시간을 가질 수 있다. 그 시간에 SNS도 확인하고 버라이어티 프로그램도 보고 친구와 문자 수다도 떨다 보면 어느덧 시간이 훌쩍 지나 새벽 한두 시가 된다. 이런 심리 상태를 잘 반영한 말이 있다.

'밤샘은 자기 자신과 좀 더 같이 머물기 위한 것일 뿐이다.'

이 말은 사람들 사이에서 꽤 히트를 쳤다.

잠을 청하는 것을 일종의 의식처럼 여기고 한시라도 빨리 잠들려고 안간힘을 쓸 때는 스스로에게 "수고했어."라고 한 마디 정도는 해야 한다.

일 때문에 어쩔 수 없이 밤을 새는 것처럼 자발적인 밤샘은 '외박'이라는 더욱 구체적인 표현을 쓴다. 밤샘은 잠을 자지 않는 것이고 외박은 밖에서 밤을 보내는 것이다. 전자는 억지로 독하게 견디는 느낌이라면, 후자는 가뿐하게 자신의 시간을 즐기는 느낌으로 생동감이 있다.

하지만 안타깝게도 쌈박한 외박의 대가는 다음 날 종일 기운이 쭉 빠지고 머리가 멍해진다는 것이다. 그렇게 초췌하고 거칠어진 얼굴은 캐비어 마스크 팩을 아무리 바르고 콜라겐 음료를 아무리 마신들 쉽게 회복되지 않는다.

모든 아름다움은 내면에 가득 찬 원기가 밖으로 흘러넘쳐 드러난 것이다. 기분 좋은 외박을 했어도 다음 날이면 피부가 늘어지고 다크서클이 짙어지고 마른 주름이 얼굴에 자글자글 잡힌다. 그런데 문제는 그게 다가 아니다. 몇 명의 경험담을 들어보았다.

CC : 매일 미국 드라마를 보다가 새벽 두 시에 잤는데 심장이 계속 불규칙하게 뛰는 것 같아서 병원에 갔어요. 의사 선생님이 신허腎虛(한의학에서 신장의 정기가 부족에서 생기는 병 – 역주) 증상이라고 해서 한약을 먹었더니 체중은 3~4킬로그램이나 늘고 얼굴은 누렇게 뜨고 몸은 비실비실하고…… 일을 조금만 해도 금방 피곤해지고 기력이 확 떨어지더군요. 아직 결혼도 안 했는데 말이죠.

샤오자오小嬌 : 난 자는 시간이 아까워서 못 잤어요. 따로 할 일은 없었지만 하루를 마무리하는 게 영 아쉬워서요. 그렇게 일 년이 지나고 나니까 신허 증상이 생겨서 기가 허해지고 저혈당까지 왔어요. 게다가 툭하면 허리가 아파서…….

메이메이美美 : 대학교 4학년 때는 습관적으로 밤을 샜어요. 게임하고, 노래방에 가고, 밤새 메시지를 주고받고. 그게 멋있게 사는 거라고 생각했지만…… 그 사이에 몸이 확 상했어요. 졸업하고 나서 임신했는데 결국 예정일보다 일찍 낳았죠. 의사 선생님 말씀이 내가 몸이 워낙 약해서 임신 후반기에 신체적 부담을 버티지 못했대요…….

　⋮

이런 사례에서 보듯이 밤샘으로 생기는 신체 부작용은 서서히 나타난다. 이는 주변 사람의 일일 수도 있지만 자신에게도 일어날 수 있는 일이다.

실제로 밤샘은 일종의 심리 질환이고 지연 습관의 하나다. 통제에서 벗어난 자유로운 삶을 과도하게 추구하다 보면 오히려 스스로 통제를 할 수 없는 역설적 상황에 빠지는 악순환이 계속된다.

일을 새벽 두 시까지 하면 마음이 초조하고 인생이 고달프다. 왜냐하면 이는 수동적인 밤샘이기 때문이다. 그렇다면 새벽 두 시까지 편안하게 SNS나 둘러보는 일은 무조건 즐겁기만 할까? 그것도 마음이 불편하다. 시간 관리를 잘 못해서 불안하고, 자신의 시간이 무가치한 것 같아서 불안하고, 자율 시스템이 엄격하지 못해서 불안감을 느낀다.

밤샘은 겉으로는 스스로 수면을 조절하는 듯이 보이지만 잠재의식

속에서는 그저 멍한 상태일 뿐이다. 수면을 지연하는 이유는 본질적으로 말하면 잠자기가 두려워서가 아니라 세상과 단절되는 게 겁나기 때문이다. 다시 말해 '세상과 잇닿은 느낌'을 유지하려고 수면을 지연하는 것이다.

수면을 지연하는 습관을 고치려면 자명종만 있어도 될까? 자명종보다는 자아를 인식하는 과정을 거쳐야 한다.

영화 〈황금시대黃金時代〉가 인기리에 상영되던 시기에 나는 한 잡지의 칼럼을 쓰려고 여러 유명 여성을 인터뷰했다. 그때 내가 그 여성들에게 물었다.

"여성의 황금시대는 언제쯤일까요?"

황퉁퉁黃佟佟(중국의 여류 작가 - 역주)이 대답했다.

"몸만 건강하다면 언제든 황금시대가 아닐까요?"

나는 이 말을 들은 지 꽤 여러 해가 지난 뒤에야 비로소 그 의미를 이해했고, 이 말은 나의 뇌리에 아직도 깊이 박혀 있다.

마지막으로 한 가지만 기억하자. 인생에 만약은 없고, 후폭풍과 결실만 있다는 사실을 말이다. 다시는 밤을 새우지 않겠다고 이 책에 대고 다짐하면 어떨까?

# 인지 자산 관리

**6**

미래를 그릴 수 있는 사람만이
현재를 누릴 자격이 있다

# 뛰어난 적응력 :
## 정기적인 여행의 가치

여행은 삶의 전부가 아니며, 작은 에피소드이고 뜻밖의 소소한 일이자 짧은 휴식일 뿐이다.
그런데 우리는 일단 여행을 시작하면 자기도 모르는 사이에 시선을 광활한 세상으로 던지고
세상에 비해 작은 존재인 자기 자신은 애써 들여다보지 않는다.

2011년, 프랑스인 콘스탄틴Constantine은 말 열 몇 마리와 말을 이끌 마부와 함께 '캐러밴'을 꾸려서 아내와 다섯 아이를 데리고 샹그릴라 香格里拉의 하피哈皮 마을에서 생활할 때처럼 캐러밴 여행을 시작했다. "어떻게 가는지가 중요할 뿐, 어디로 가는지는 중요하지 않다."라는 말을 그대로 실천하듯이 무리를 지은 이들은 편히 쉴 천막을 싣고 뎬시 베이滇西北의 산길을 따라 크게 한 바퀴 빙 돌았다.

같은 해, IBE(Imaging Biodiversity Expedition 생물 다양성 영상 탐사) 과학 시찰단과 브라마푸트라Brahmaputra 강 대협곡 관광단지 실무팀이 주축을 이루고 동행 취재단과 자원봉사자가 합류하여 구성한 대규모 팀은 보름 동안 도보로 신의 호수라고 불리는 나라춰娜拉错 베이스캠프와 협곡 한가운데로 깊숙이 들어갔다. 또 난자바와南迦巴瓦 산 아래에서 중국에

만 존재하는 귀한 동식물 품종의 신비를 캐내고 촬영했다.

나는 이 일들을 어째서 이리도 자세히 기억하고 있을까? 당시는 내가 학부 논문을 쓰면서 베이징 호적을 유지하려고 셋집을 구하느라 허덕이고 있을 때였다. 여행할 돈도 시간도 없던 나에게 이 이야기들은 마음의 큰 위안이 되었다.

심지어는 베이징에서 열리는 IBE 전시회를 보려고 지하철을 몇 번이나 갈아타며 전시장까지 찾아가기도 했다. 영상으로 세차게 용솟음치는 누장怒江, 부리가 빨간 이름 모를 작은 새, 수북이 쌓여 온 산을 뒤덮은 흰 눈 등을 보며 직접 갈 수는 없어도 인생에서 또 하나의 희망처럼 위로를 받았다.

여행은 광고 속에서 산길도 문제없이 달리는 신형 자동차, 배낭여행자 손 안에 든 개표된 삼등칸 티켓, SNS에 공유한 사진, 실연당한 젊은 아티스트의 도피처다. 또한 여행은 삶에 몸부림치는 우리가 할 수 있는 모든 상상이지만 다양화된 요즘 세상에서는 꼭 그렇다고 말하기도 어렵다.

2014년에 상영된 영화 〈탈궤시대脫軌時代〉는 배우 장징추張靜初가 2013년에 촬영했던 유일한 작품이다. 〈공작孔雀〉과 〈러시아워 3Rush Hour 3〉에 출연했던 때와 비교하면 그녀의 인기가 예전만큼 폭발적이지 않았던 탓이다. 그녀에게 지난 일 년 동안 뭘 하며 지냈는지 물으니 그녀의 대답은 "여행 다녀왔다고 하면 믿겠어요?"였다.

그녀는 타이베이台北에 다녀왔다. 행인들을 따라 끝없이 긴 줄을 한 시간이나 서서 유명한 레드 와인과 빵을 사고, 발길 닿는 대로 길가 작은 식당에 들어가서 거위 발, 거위 위, 거위 창자, 골뱅이를 적당히 시켜서 큼지막한 식탁에 늘어놓고 먹었다. 또 멕시코의 판화 거장인 포사다 Jose Guadalupe Posada 서거 100주기 특별전도 보고, 자기 생일과 같은 날짜에 생산된 탄생 소금도 샀다.

그녀는 티베트에도 갔다. 캉딩康定에 머물면서 티베트 사람들과 야식으로 쑤유차酥油茶(찻잎을 끓인 물에 소나 양의 젖에서 얻은 지방과 소금을 넣어 만든 티베트의 전통차─역주)를 마시고 인삼 요구르트를 먹었다. 써다色達현에 있는 불교 학교 오명불학원五明佛學院에서는 상주 승려 1만여 명이 붉은 바다를 이룬 한가운데에서 가부좌를 틀고 명상도 했다. 해발 3,800미터에 위치한 온천 호수에 드러누워 청송과 파란 하늘을 보고 온천수가 콸콸 솟아 나오는 소리를 들으며 마음도 안정시켰다.

2013년에는 꼬박 일 년 동안 외국에서 살았다. 여름에는 잉글랜드에서 장거리 달리기를 하고, 가을에는 교토에서 단풍을 구경하고, 초겨울에는 로마에서 벼룩시장을 쏘다녔다. 하지만 아직도 그녀가 가장 잊지 못하는 것은 〈탈궤시대〉를 찍을 때 이스라엘에서 우연히 겪었던 일이라고 한다.

"그날 촬영이 끝난 후 여기저기 내키는 대로 걷다가 우연히 마음을 울리는 음악 소리를 들었어요. 그 이후로 계속 그 음악과 연주자 생각이 머릿속을 떠나질 않더군요. 그런데 두 달 뒤에 그 남자를 다시 만났고 얘기도 몇 마디 나눴죠. 알고 보니 예루살렘에서 13년째 떠도는 유랑자였어요. 무려 13년이나 방랑하면서 음악을 연주했대요. 그 사람을 격려하는 박수 소리도 없고 그 사람의 얘기를 듣고 놀라거나 감탄하는 사람은 더더욱 없었어요. 다들 눈길조차 주지 않았죠. 재능이 남다른 사람 같은데 자신은 그렇게 생각하지 않더라고요."

그녀의 얘기를 듣는 순간 나는 그녀의 인생에 어떤 변화가 소리 없이 찾아왔음을 확신했다.

앞으로의 계획에 대해 물으니 그녀는 또 여행을 입에 올렸다. 우파武帕라는 친구가 쭝싸런보체宗薩仁波切(부탄 출신의 라마교 승려이자 유명 영화감독－역주)를 따라서 부탄의 깊은 산속으로 들어가 한 달 반 동안 세상과 단절하고 독거 수행을 했다는 얘기를 전하며 자신의 계획을 말했다.

"거긴 말도 못 올라가는 곳이에요. 해발이 평균 5,000미터 이상이고 내 친구도 사흘을 걸어서 올라갔대요. 전부 눈과 얼음으로 뒤덮여 있어서 수행자들은 모두 산굴에서 생활하고 침낭에서 자요. 전기도 없고 전화도 안 돼요. 저도 한번 도전해보려고요."

그녀의 연기 생활이 일 년간의 여행 때문에 달라지지는 않을 것이다. 그녀는 평소처럼 시나리오를 읽고, 스테디 캠Steady Cam과 동선을 맞추고, 다양한 장면에 어울리는 미소와 패션을 선보여야 한다. 그렇게 일을 마치고 밤이 깊어지면 짙은 화장도 지운다. 그러나 갈채해주는 사람 하나 없는 어색한 순간이 되면 아마 예전에 만났던 이스라엘 유랑자를 떠올릴지도 모른다.

이것이 바로 여행의 매력이다. 여행을 다녀오면 머릿속에는 여행 중에 만났던 사람, 겪었던 일, 보았던 풍경 하나하나가 고스란히 남는다.

여행할 때만큼은 그녀도 유명 스타가 아니다. 다른 사람을 따라 할 필요도 없고 긴장하거나 두려워할 필요도 없다. 여행하는 순간에는 그녀도 극 중 역할에서 벗어나 오롯이 자기 자신으로 돌아간다.

여러 해 동안 자가 운전 여행을 즐겨 했던 한 작가는 여행 중에 각양각색의 사람들을 만난 이야기를 들려주었다. 어떤 사람은 십 몇 년 동안 자동차로 세상을 누비며 결혼도 하고 아이도 낳았는데 아이들의 국적이 모두 제각각인 경우도 있었고, 증조부 때부터 열었던 작은 빵집을 운영하면서 죽을 때까지 그 마을에서 십 몇 킬로미터 이상 떠나지 않은 사람도 있었다.

생각이 꽉 막힐 때는 멀리 여행을 떠나보자. 인생에는 우여곡절이 많지만 놀랄 만한 짜릿함도 있고, 불나방처럼 달려들던 일이 알고 보면 죽기 살기로 덤빌 만한 일이 아니었음을 깨닫게 된다. 익숙한 삶에서 벗어나 인생의 새로운 단면을 발견하는 것, 그것이 바로 여행이다.

젊은 시절에는 파리의 에펠탑 꼭대기에서 커피를 마시고, 일본 코난 마을에 가서 코난 스토리를 따라다니고, 리장麗江에서 악기를 연주하며 노래하고, 청두成都에 가서 곱창전골도 먹었다. 그러고는 그 흔적들을 SNS에 공개해서 사람들에게 알렸다. 젊은이에게 여행은 SNS에 올릴 사진이자 자랑 호르몬이며 부푼 욕망이다.

그러나 중년이 되면 갖가지 일들과 현실이 서서히 삶을 가득 채우고 주변 사람들과 관계도 고정화되어간다. 그리고 물질과 욕망이 어느 정도 타협점을 찾으면서부터는 자신의 여행을 지켜봐줄 관중이 불필요해진다. 더는 경치 좋은 곳에서 찍는 '인증샷'에 집착하지 않고 모처럼 현실을 벗어난 황금 같은 시간에 무언가를 자랑하거나 자신을 증명해 보이고 싶은 마음이 사라진다. 그저 관중석에 앉아서 타인의 인생을 관조하고 싶은 생각밖에 들지 않는다. 그러다 보면 누구나 자기만의 사연이 있고, 자기만 느끼는 슬픔이 있고, 자기만 아는 한계가 있고, 누구에게나 따스함이 있음을 깨닫는다. 하늘빛이 차츰 어두워져서 완전히 빛을 잃고 난 뒤에 저녁 바람이 스산하게 불어오면 문득 내가 아닌 다른 사람이 된 듯한 기분이 들기도 한다.

여행의 의미는 과연 무엇일까?

여행은 원래의 나 자신으로부터 거리를 두는 것이다. 한 번의 여행으로 인생의 큰 틀과 중심이 획기적으로 변하지는 않는다. 그것은 여행의 본질이 아니며 인생에서 감당할 수 없는 무게다. 여행은 삶의 전부가 아니며, 작은 에피소드이고 뜻밖의 소소한 일이자 짧은 휴식일 뿐이다. 그런데 우리는 일단 여행을 시작하면 자기도 모르는 사이에 시선을 광활한 세상으로 던지고 세상에 비해 작은 존재인 자기 자신은 애써 들여다보지 않는다.

앞서 언급했던 미국 군사 용어 'VUCA'는 전쟁터의 특징을 총체적으로 표현한 말이다. V는 Volatility(변동성), U는 Uncertainty(불확실성), C는 Complexity(복잡성), A는 Ambiguity(모호성)이다. 사실 인생도 전쟁터다. 사람은 누구나 시시때때로 인생 전쟁터에서 VUCA 상황과 맞닥뜨리고, 너나없이 모두 이런 종합적인 상황 속에서 스스로 적응해 간다.

여행에는 변동성, 불확실성, 복잡성, 모호성이 모두 있어서 여행을 하면 VUCA에 자연스럽게 길들여지는데 이는 일상생활에서는 쉽게 접할 수 없는 경험이다. 그래서 여행 중에는 모든 행동과 결정을 즉시

민첩하게 하게 되고 불확실한 가운데에서도 정확한 판단을 하는 능력이 길러져서 행동 양상이 일반적인 상상을 초월할 만큼 변한다.

안전하게 일상으로 돌아올 수 있으면서 삶의 중력에서 벗어날 방법은 오직 여행뿐이다. 그 이유는 불확실성의 가치가 무한하기 때문이다. 당장 문을 열고 밖으로 나가면 세상이 상상과는 다르며, 인생에는 한계가 없고 많은 가능성이 존재한다는 사실을 깨닫게 될 것이다.

# 독서로 '인지 계정' 충전하기

독서를 꾸준히 하면 내면의 지혜 은행에 쌓인 인지 자산이 그날그날 관리되고 무질서하게 저장된 정보는 자신의 노력으로 질서 정연한 인지로 변한다.

말하기 부끄럽지만 나는 글쓰기를 좋아하는 것에 비해서 고전을 많이 읽지 못했다. 지금까지도 《홍루몽》 전권을 완독하지 못했으니 말이다. 이는 책을 읽을 때 전적으로 기분과 흥미를 따지는 습관 때문이다.

내가 어렸을 때 부모님은 1980년대에 유행한 잡지들을 즐겨 읽었다. 나도 부모님을 따라서 그런 책들을 흥미진진하게 읽었고 덕분에 단어도 많이 깨우쳤다. 좀 더 자라서는 엄마가 구이린桂林 도서관 회원 카드를 발급해 주어서 맹추위와 폭염에도 아랑곳하지 않고 심심하면 자전거를 타고 도서관에 가서 시간을 보냈다.

예전 구이린 도서관은 룽후榕湖 옆에 위치해서 경치가 무척 아름다웠다. 그곳에서 나는 〈맹아萌芽〉와 〈소년문예少年文藝〉 등의 잡지를 읽었고 스토리가 비교적 긴 책도 처음으로 읽기 시작했다. 천단옌陳丹燕

의 《여중생삼부곡女中學生三部曲》은 내가 처음으로 읽은 소설책이다. 소설 중 한 테마인 '여중생의 죽음女中學生之死'에 나오는 인물인 닝거寧歌는 자신의 막막함을 일기에 적었는데 나는 그 이야기에 무척 공감했다. 그녀의 섬세한 감정은 잠잠해질 줄 모르던 나의 사춘기 우울증을 진정시켰다.

대학 시절에는 외국 현대 문학을 읽었다. 당시에는 시간이 넉넉해서 좋아하는 작가의 작품을 단숨에 전부 읽었다. 이를테면 브라질 작가 파울로 코엘료Paulo Coelho(대표작 《연금술사O Alquimista》), 독일 작가 파트리크 쥐스킨트Patrick S'skind(대표작 《향수Das Parfum》), 일본의 무라카미 하루키(모두에게 익숙한 이름이다. 대표작은 《노르웨이의 숲ノルウェイの森》) 등을 읽었다. 나는 스토리의 힘이 강한 소설을 좋아한다. 스토리에서 느끼는 쾌감은 아마 어릴 때 친구들과 전자오락을 하던 기분과 같을 것이다.

지금까지도 잊지 못하는 소설은 미국 작가 폴 오스터Paul Auster의 《환상의 책The Book of Illusions》이다. 주간지 〈난팡저우칸南方周刊〉에서는 이 책을 "진실과 허구 사이에서 메아리를 울렸다."라고 평가했다. 풍부한 상상력과 흡인력 있는 문장이 어우러진 기묘한 작품으로, 스토리 안에 두 편의 영화 시나리오가 삽입되어 있다.

스토리가 꽤 복잡하긴 하지만 주요 내용은 유명한 스타 코미디언이 16년 동안 실종되었는데 알고 보니 사막에서 패밀리 킹덤을 만들고 영화를 찍고 있었다는 얘기다. 코미디언은 그 영화를 만들면서 가족에게만 보여주고 자신이 죽고 난 뒤에는 영화의 흔적을 남기지 않으려고 했다. 그래서 대중이 관심을 갖고 몰려들었을 때는 이미 다 타버린 필름만 남아 있었다. 이런 기이한 상상력은 갓 스무 살을 조금 넘긴 나에게는 상상을 초월할 만큼 신선했고 이 넓은 세상에는 무한한 가능성이 존재할 것만 같았다. 하지만 소설에 담긴 진정한 메시지, 세상은 매일 새로운 환상으로 채워진다는 것은 훗날에야 비로소 차츰 이해했다.

일하고, 결혼하고, 아이를 낳으면서 독서 시간은 대폭 줄었다. 하루 일정을 쥐어짜야만 책을 볼 온전한 시간이 생겼고 화장실에 갈 때나 책을 볼 수 있었다. 아들이 한 살일 때 나와 남편은 항저우杭州로 여행을 갔다. 출산 후에 처음으로 떠난 둘만의 여행이었지만 가는 내내 아이가 걱정되고 몹시 불안했다. 마침 고속 철도의 서점에서 옌거링嚴歌苓의 신간 《선생님은 예뻐요老師好美》가 있어서 마음을 안정시키려고 한 권 구입했다.

고개를 숙이고 책을 보다가 열차가 멈췄을 때 고개를 드니 다행히도 아이를 걱정하던 불안감이 씻은 듯이 사라졌다. 그 대신 어마어마한 정서적 충격이 나를 휘감았다. 소설은 실제 이야기를 각색한 것이었고 이야기의 배경 도시인 구이양貴陽 전체를 뒤흔들고도 남을 충격적인 불륜 이야기였다. 여교사가 자신이 맡은 반의 두 학생 주변을 맴돌면서 열일곱 살짜리 고등학생에게 사랑을 느끼다가 끝내 치정 살인까지 일어나는 줄거리다.

소설 속의 사회가 추구하는 가치의 방향이 원래는 스토리 안에서 분명히 드러나야 하지만 그 대신 옌거링은 그녀의 필력으로 한 여성의 변치 않는 본성을 생생하게 그렸다. 마흔은 넘었으나 아내도 어머니도 아닌 그저 나약하고 불완전하고 흔들리는 한 여성이 사랑을 탐하여 거침없이 고난의 길로 미끄러지듯 빠져드는 과정이 피부에 와닿았다. 그래서 독자는 아마 그 여성에게 함부로 꼬리표를 달지 않고 선한 눈빛으로 바라보며 연민을 느낄 것이다.

우스운 말이긴 하지만 뜻밖에도 이런 충격적인 책을 읽은 덕분에 불안에 떨던 나는 갑자기 정신이 확 들어서 비교적 이성적인 상태로 회복했다.

독서의 장점은 무엇일까? 어떤 문제를 해결하는 방법이 그 문제가 아닌 다른 곳에 있음을 발견할 때가 있다. 예컨대 실연했을 때《실연을 치유하는 50가지 방법失恋治愈50法》같은 책을 또 읽는 건 전혀 도움이 되지 않는다. 독서는 진통제가 아니다. 독서를 해도 인생의 모든 고민이 간단히 해결되지는 않지만 자기가 읽은 책은 모두 고스란히 자신의 성격에 녹아든다.

책은 미궁과 같아서 독서로 고민의 해답을 명확히 얻을 수는 없다. 하지만 그렇기 때문에 뜻밖의 기쁨과 놀라움도 있다. 어쨌든 책을 읽지 않으면 자신도 남들과 같은 고민을 하고 그 해답을 계속 찾고 있었다는 사실을 영원히 모른다.

나는 비즈니스 관련 서적을 잘 읽는다. 이를테면 짐 콜린스Jim Collins의《성공하는 기업들의 8가지 습관Build to Last》, 피터 틸Peter Thiel의《제로 투 원Zero to One》, 우샤오보吳曉波의《격탕 30년激蕩三十年》등을 읽었다. 돈에는 세상에서 가장 재미있는 법칙과 비밀이 숨어 있다고 생각해서 즐겨 읽는 편이다. 부자가 되려는 사람이 돈의 언어를 모른다는 건 모순이다. 재벌 2세가 아니고서야 평범한 사람이 혼자 힘으로 돈을 벌려면 보통 사람은 모르는 비밀을 알아야 한다. 그래야만 인생을 제대로 배울 수 있다.

쥘 베른Jules Verne의 《해저 2만 리Vingt mille lieues sous les mers》, 아이작 아시모프Isaac Asimov의 《파운데이션Foundation》, 류츠신刘慈欣의 《삼체三體》 같은 공상 과학 서적도 좋아한다. 만약 지구를 영화에 비유한다면 인류가 출현한 시점은 영화의 엔딩 크레딧이 전부 지나간 이후이므로 인류가 곧 세상이라고 보는 시각은 상당히 오만하다. 인간은 사실 대단히 나약한 존재다. 《삼체》에서 사랑은 서사시만큼이나 위대했다. 우주에서는 행성 궤도에 도킹할 때 천 분의 몇 초로 오차가 생기는데 등장인물들이 애정이 담긴 말을 일 초 더 나누는 눈 깜짝할 사이에 서로 천 년의 거리를 두게 된 것이다. 이렇게 보면 인류의 최대 적수는 인류가 아니라 시간이다.

또 월터 아이작슨Walter Isaacson의 《스티브 잡스Steve Jobs》, 헌터 데이비스Hunter Davies의 《비틀스The Beatles》, 멍만蒙曼의 《무측천武則天》 같은 전기물도 읽었다. 이런 책을 읽으면 삶은 참 웅장하지만 언젠가는 또 허무하게 끝난다는 것을 깊이 느낀다. 그래서 사람은 자신을 너무 대단하게 여기지 않아야 하고 만사가 길은 달라도 결국 같은 곳으로 이른다는 이치를 진심으로 깨닫게 된다.

케이트 윈슬렛Kate Winslet이 출연한 〈더 리더: 책 읽어주는 남자The Reader〉는 내가 좋아하는 영화다. 열다섯 살 소년 마이클이 우연히 기차 매표원으로 일하는 서른여섯 살의 신비한 여성 한나를 만나서 비밀스러운 연인 관계로 발전하는 이야기다. 마이클의 품에서 그가 책을 읽는 소리를 듣는 걸 가장 좋아하던 한나는 어느 날 한 마디 말도 없이 홀연히 그의 곁을 떠난다.

몇 년이 흐른 뒤에 변호사가 된 마이클은 나치 전범 재판을 방청하다가 놀랍게도 그곳에서 피고인으로 나온 한나를 목격한다. 재판 진행 중에 그는 충격적인 비밀을 하나 발견하는데, 바로 한나가 문맹이라는 사실이다. 마이클은 한나가 감옥살이를 하는 십 년 동안 꾸준히 그녀를 위해 책을 읽어주었고 한나는 어렵사리 글자를 익혔다. 한나는 마이클과의 거리를 좁히려고 노력했지만 두 사람의 가치관은 너무나 달랐다. 결국 출소하기 전에 한나는 자살을 결심하고 두꺼운 책 위에 발을 디디고 올라선다.

이 영화에 대한 해석은 다양하다. 그러나 나는 사랑하는 두 사람이 서로 마음으로는 가까워지려고 했지만 문화 수준의 극심한 차이로 형용할 수 없는 수치심을 느꼈고, 이 점이 결국 두 사람 관계에 치명적이었다고 해석했다.

어려서부터 자유롭게 독서를 할 수 있는 건 행운이다. 책은 소리도 내지 않는 무생물이지만 우리의 자존감을 지켜준다. 그래서 내가 읽은 책들은 모두 내 삶의 보이지 않는 곳에서 격랑처럼 출렁이며 잠재하고, 평범한 일상을 사는 나에게는 모두 다채롭고 풍부한 인생 경험으로 남았다.

독서는 사람의 '인지 계정'의 주요 계정 과목이다. 인지 계정은 인지 순자산의 데이터베이스 관리 시스템이며, 우리가 길고 긴 인생에서 수시로 이윤을 챙길 수 있는 인지 자산 은행을 세우는 역할을 한다.

독서는 인지를 받아들이는 과정이지만 독서를 통해 인지를 꾸준히 저장하기만 해서는 가치 이윤이 생기지 않는다. 받아들인 인지를 저장하는 방법을 반드시 자기만의 셈법으로 고안해야만 셈법이 최적화되고 인지 정보 중에서 지식을 발굴할 수 있다.

독서를 꾸준히 하면 내면의 지혜 은행에 쌓인 인지 자산이 그날그날 관리되고 무질서하게 저장된 정보는 자신의 노력으로 질서 정연한 인지로 변한다. 이렇게 인지 자산이 장기간 쌓이면 조각난 정보를 인지와 다시 연결시키는데, 이런 증량 과정이 바로 독서로 '인지 계정'을 충전하는 것이다.

독서를 무척 사랑하는 사람은 고민이 있을 때마다 결국엔 책을 집어들 것이다. 책을 읽으면 숨겨두었던 모든 감정이 운명처럼 되살아남을 새삼 느끼게 된다.

이렇게 독서가 내게 가르쳐준 것들을 나무 그림자가 창문에 비치는 어느 오후에 떠올려보았다.

# 부자는 어딘가 좀
## 부족해야 하나

돈은 항상 부수적으로 생기는 것이며 더 넓은 시각, 더 너그러운 마음, 더 적극적인 자세, 더 긍정적인 마음가짐이 뒤따른다.

뤄뤄落落는 한 빅 스타가 유명해지기 전에 개인적인 친분이 있었다. 그 스타는 부잣집으로 시집을 갔는데 가끔씩 별장으로 뤄뤄를 불러서 모임을 갖곤 했다. 뤄뤄는 그녀의 별장에 갈 때마다 늘 충격을 받았다. 그녀는 뤄뤄가 떠받드는 지방시 옷을 대충 아무렇게나 잠옷으로 걸쳤고, 별장의 안방 화장실은 시내에 있는 뤄뤄의 낡은 집보다 훨씬 컸다.

뤄뤄는 그 스타가 돈은 많지만 남편과 자주 못 보고 떨어져 있는 시간이 많아서 틀림없이 불행할 거라며 스스로 위안했다. 그런데 하루는 우연히 그녀의 남편이 집에 있는 모습을 보고 오더니 내게 이렇게 말했다.

"걔 남편이 비행기를 타기 전에 잊어버린 물건이 있어서 잠깐 집에 들어온 거야. 그런데 물건을 챙겨서 현관까지 나갔다가 갑자기 다시 후다닥 주방으로 뛰어 들어오더니 개한테 입을 맞추는 거 있지. 개는 웃으면서 남편을 톡톡 가볍게 치는데 그 모습이 너무 자연스럽더라."

뤼뤼는 성공한 사람은 원래 저렇게 모든 걸 다 갖고 다른 사람의 자신감을 무너뜨리는 낙으로 사느냐고 흥분하며 말했다. 그렇게 돈이 많으면서 다른 결핍도 없으면 너무 불공평한 거 아니냐는 뜻인 듯했다.

돈이 많으면 뭔가 다른 부족한 게 있어야 한다는 생각은 부자를 은근히 무시하는 처사다. 아마 쉽지는 않겠지만 돈은 좋은 것이라고 쿨하게 생각해도 괜찮다.

예부터 중국에서는 농업을 장려하고 상업을 억제했다. 부모님 세대는, 특히 아버지는 '돈이 있는 남자는 전부 투기나 하는 모리배'라는 논리를 펼쳐서 나는 그런 남자와 어울릴 마음은 꿈에도 먹지 않았다. 그리고 어머니가 내게 배우자를 고르는 법을 가르치면서 주로 한 말은 "돈 많은 남자는 백발백중 바람기가 있으니까 무조건 조심해야 한다."는 거였다. 그런데 성장해서 보니 아버지가 말한 돈이 있는 남자는 뜻밖에도 생각이 바르고 사람을 대하는 태도가 점잖고 예의가 있었다. 멍청하지도 않고 보좌진을 아낄 줄도 알고 오히려 싸구려처럼 뻔질나게 성욕을 분출하지도 않았다.

돈은 항상 부수적으로 생기는 것이며 더 넓은 시각, 더 너그러운 마음, 더 적극적인 자세, 더 긍정적인 마음가짐이 뒤따른다. 돈이 있는 사람은 어딘가 모자란 점이 있어야 한다는 생각은 한 마디로 '부럽고 질투가 나서 죽겠다'는 뜻이다.

우리는 돈이 많기를 간절히 바라지만 한편으로는 그런 생각을 부끄럽게 여긴다. 물질이 좋은데도 흔쾌히 인정하지 못하고 괜스레 물질을 비하하고 천하게 취급하며 마치 자신은 물질을 초월한 고고한 영혼인 것처럼 군다.

물질이 정신을 지배한다는 말은 만고불변의 진리다. 돈은 당연히 중요한데 우리는 돈 얘기를 할 때마다 자존감을 더 많이 언급한다. 돈이 있으면 이번 달 집세 걱정은 할지 몰라도 꼭 갖고 싶은 신상품 옷한 벌쯤은 살 수 있다. 부모님께 박봉 때문에 상사 비위를 맞추려고 애쓰지 말고 나이도 드셨으니 일을 그만두라는 얘기도 할 수 있다. 또 출근하지 않고 아이를 직접 키우니 아이를 봐주는 부모님의 지나친 간섭과 그로 말미암아 생기는 여러 갈등도 피할 수 있다. 이뿐만이 아니다. 돈이 있으면 암에 걸렸을 때 세계 정상급 의사에게 진료를 받고 죽을 때도 최대한 고통과 두려움을 덜 느끼며 자존감을 지킬 수 있다.

또 돈이 있으면 가난한 아이들도 돕고 열악한 환경도 개선할 수 있다. 이렇게 보상을 바라지 않고 돈을 쓰면 마음이 순수하고 성스러워진다.

웨이보에서 이런 말을 봤다. '돈으로 모든 것을 살 수 없다고 생각하는 사람은 사는 방법에 문제가 있다.'

인생살이에는 해결할 수 없는 아픔이 많은데 돈이 있으면 제법 해결이 된다. 돈을 좇으면 인생에서 더 많은 선택을 하고 더 많은 자유를 누릴 수 있다.

윌리엄 서머싯 몸William Somerset Maugham의 《인간의 굴레Of Human Bondage》에 이 문제와 관련한 깊이 있는 얘기가 나온다.

"수입이 충분하지 않으면 인생의 희망이 반으로 꺾인다. 단돈 몇 푼에 벌벌 떨고 머리를 싸매야 하며 1실링을 받으면 딱 1실링 값어치만큼만 일한다. 형편이 넉넉지 않으면 사람이 하찮고 초라해지고 욕심이 많아져서 성격이 비뚤어지고 세상을 보는 눈도 천박해진다."

"난 돈이 좋아."라고 인정하는 순간, 돈과 물질과 평화롭게 공존하는 길이 열린다. 이 섬을 직시해야만 다음 단계로 넘어가서 "나도 노력하면 돈을 벌어서 맘껏 쓰고 내 노력으로 원하는 삶을 살 수 있어."라는 마음도 먹을 수 있다.

만약 돈을 부정적으로 보고 돈을 싫어하면 평생 돈 없이 살 것이다. 행여 운이 좋아서 돈을 갖더라도 내심 불편함이 있으면 우쭐하면서도 곤혹스럽고, 자랑하고 싶으면서도 헛헛하고, 미칠 듯이 좋으면서도 불같이 화가 나서 정신이 황폐해진다.

진심으로 돈과 물질을 좋아하고 반기는 태도는 평생동안 배워야 할 공부다.

이미 어느 정도 물질을 누리고 산다면 감사하는 마음으로 그것을 충분히 즐기고 반겨야 한다. 호주산 일등급 소고기의 맛을 섬세하게 음미하고, 일등석 스튜어디스의 미소에 화답하고, 편안히 몸을 쉬게 할 자기만의 공간을 깔끔히 청소하고, 특별한 공정으로 만든 멋진 옷을 걸치고 뽐내는 것이다. 자신을 사랑하되 남은 무시하지 말고, 물질도 잘 다루고 자기 자신도 아껴야 한다. 그러면 사람들에게도 부드럽고 겸손하게 대하고 그들과 대립하거나 충돌하지 않는다.

일시적으로 물질이 충분하지 않으면 자신의 출신, 교육 수준, 장점,

사회 환경을 공정하게 평가하여 물질을 취할 수 있는 가장 합당한 방향으로 노력해야 한다. 자신을 위해 계획을 세우고 성장할 때마다 기쁨을 누리려면 물질에서 얻는 만족감에 감사하고 욕망의 고통을 씻어주는 물질에 감사하며 물질을 좇으려 계속 노력하게 된다.

자신의 꿈과 현실의 차이가 너무 크면 그 불균형을 극복하려고 애쓰지 말고 현실과 자신의 욕망을 인정하는 게 낫다. 객관적으로 현실을 평가하여 현재 자신이 가질 수 있는 것을 귀하게 여기는 것이다.

뤄뤄는 자신과 스타 사이의 갭을 인정하고 두 사람의 계층 차이도 인정해야 자신의 평범한 일상과 사람의 훈김을 소중히 여길 수 있다. 또 마음을 좋게 먹으면 스타의 안목, 시야, 능력 중에서 자신에게 필요한 것을 취하고 배울 수도 있다. 그렇게 스타를 관찰하며 좋은 점을 흡수하면 뤄뤄는 이해심이 생기고 지혜를 얻어서 더 좋은 사람이 될 것이다.

지금 뤄뤄가 할 일은 단 한 가지, 내면에 잠재하는 열등감을 극복하는 것이다.

# 최적해는 없다 :
## '준비된 날'은 오지 않는다

이상적인 삶을 꿈꾸면서 기회만 기다리는 것은 헛수고에 시간 낭비다. 당장 지금부터 음식, 일과 휴식의 패턴, 사고방식, 대화 대상 등 모든 걸 바꿔야 한다.

샤오구이小桂는 세상 물정을 알기 시작하면서부터 후난위성TV湖南衛視를 가장 즐겨 봤다. 당시는 리샹李湘과 허쥥何炅이 진행자로 활발히 활동하던 시기였다. 언젠가 후난위성방송국에서 송년회가 열렸는데 리샹과 허쥥이 풍선을 들고 비트가 강한 음악에 맞춰 무대로 달려 나오자 샤오구이도 흥분해서 손을 들고 공기를 가르며 뒤따라 뛰었던 적이 있다.

대입 시험이 코앞으로 다가왔을 때, 샤오구이는 단번에 예술 전공으로 다섯 개 학과를 골랐다. 그해에 그녀가 가장 가고 싶었던 곳은 베이징방송대학北京廣播學院(미디어대학의 전신) 방송학과였지만 지역 모집 성적이 유난히 높아서 불안했다. 정부 기관에서 근무하는 그녀의 부모님은 행여 딸이 불합격할까 봐 걱정스러워서 다른 곳에 지원하도록 딸을 설득했다. 샤오구이는 몇 번이고 거듭 고민한 끝에 결국 종합대학의 영상 제작 지원 업무를 배우는 학과에 지원했다. 합격 통지서를 받은 날, 모두가 그녀를 축하했지만 그녀는 오히려 울고 말았다. 하지만 괜찮다고, 어쨌든 베이징으로 입성하게 되었으니 뭘 배우든 중요하지 않다고, 졸업하면 또 기회가 있을 거라고 그렇게 스스로 다독였다.

졸업 즈음에 샤오구이는 부모님과 심하게 부딪혔다. 부모님은 베이징에 호적을 둘 수 있는 안정된 국영 기업에 취업하라고 권했지만 그녀는 이미 중국 내 최대 영상 제작사의 입사 합격 통지를 받은 상태였다. 꿈을 위해서 안정된 삶을 포기하기로 결심한 그녀는 때마침 회사로부터 급여를 반으로 삭감하고 수습 기간을 무기한 연장한다는 불공정 계약을 통보받았다. 순간 하늘이 노래졌다. 어떤 선택을 할지 그녀는 다시 고민했다. 그녀의 선택은 절충안이었다. 우선 베이징 호적을 얻고 기본 생활이 보장되면 다시 꿈을 향해 도전하기로 결정했다.

사무실로 출근하면서부터 그녀의 삶은 완전히 달라졌다. 날마다 숫자, 도표, 업적에 시달리느라 동창들과 사이가 점점 멀어졌다. 그녀가 출장지 고급 호텔에서 TV를 보고 있을 때 동창들은 엔터테인먼트 현장에서 상시 스탠바이 하고 밤새 편집했다. 또 그녀가 연말 상여금을 꼬박꼬박 받을 때 동창들은 전쟁터 같은 야간 촬영 현장에서 사회 보험과 기금 혜택을 하나도 받지 못하며 일했다. 그녀가 한가하게 쇼핑몰을 둘러보다가 고개를 들면 동창이 찍은 광고 사진이 눈에 거슬릴 만큼 큼지막하게 걸려 있었다. 그녀는 자기가 받은 각종 수당을 동창들에게 자랑하고 싶지만 그들은 자기들끼리 예술 영화 투자와 관련해서 열띠게 토론했다.

그런 순간들을 접하면서 그녀는 한 가지 사실을 분명히 알았다. 자신은 안정된 생활을 하고 있지만 한편으로는 아쉬움도 있다는 것을 말이다.

리첸李倩은 인생의 절반을 줄곧 이민을 준비하며 보냈다. 각종 이민 정책을 조사한 뒤에는 투자 이민과 기술 이민 사이에서 갈팡질팡했다. 투자 이민은 베이징에 있는 집 두 채를 팔면 투자 금액이 딱 맞았지만 중년이 되어서 새로운 인생을 다시 시작할 엄두가 나지 않았다. 기술 이민은 국제 공인 회계사 시험을 보면 진급할 수 있지만 이것도 약간 내키지 않았다.

그래서 '업그레이드된 방식'으로 이민을 계속 준비하는 사이에 아이는 초등학교를 졸업하고 중학교에 진학할 나이가 되었고, 부모님은 건강이 나빠져서 별도로 부양 계획을 세웠다. 시간이 갈수록 인맥은 잘 관리되었지만 비용은 계속 늘었다. 매일 베이징의 물가, 공기, 정책 등 갖가지 비합리적인 것들을 불평하는 그녀는 이민의 문턱이 점점 높아지는 와중에도 "내년엔 갈 거야. 내년엔 무슨 일이 있어도 꼭 가야지. 새파란 하늘과 흰 구름을 볼 날이 머지않았어."라고 하며 이민을 동경했다.

대다수의 성인은 마치 일상생활에서 의지하는 정신적인 신앙처럼 준비된 날이 오기를 기다리며 산다. 돈을 벌면 퇴직하고 고향으로 돌아가서 토담집을 두 채 짓고 밭에 씨를 뿌리고 강아지 두 마리를 키우며 사는 계획, 프로젝트만 끝나면 회사를 떠나서 다른 좋은 자리로 옮기는 계획, 아이가 자라면 여행의 꿈을 다시 꺼내어 세계 일주를 떠나려는 계획을 세우며 그날이 오기만을 늘 준비하며 기다린다.

영화 〈버킷 리스트The Bucket List〉는 살아온 길이 완전히 다른 두 노인의 이야기다. 한 명은 가난하고 평범한 사람이고 다른 한 명은 백만 장자에 떠벌리기 좋아하는 성격이다. 두 사람은 모두 중병에 걸려 병원에 입원했다가 우연히 좋은 친구 사이가 되고 인생의 마지막 소원을 함께 이룬다. 그들은 스카이다이빙, 타투, 카레이싱, 만리장성에서 오토바이 타기, 이집트 피라미드 보기 등을 하며 세계를 돌아다녔다. 그렇게 인생의 마지막 순간을 살면서 그제야 삶의 의미를 깨닫고 눈물 섞인 웃음을 지었다. 영화의 마지막 대사는 "에드워드가 세상을 떠날 때 눈은 감았지만 마음은 열렸어."였다.

칭화대학 교수 류위劉瑜가 쓴 〈방치된 삶被擱置的生活〉이라는 글에 이렇게 준비된 날이 오기를 기다리는 심리 상태를 정확히 묘사한 대목이 있는데 옮기자면 이런 내용이다.

'모든 사람은 마음속에 길게 적은 리스트가 있는데 거기에는 온갖 행복한 일들이 가득 채워져 있다. 하지만 그 리스트에 적힌 일들은 계속 미뤄지고 방치되다가 시간의 다락방에 처박혀서 썩고 만다.'

류위는 의문을 제기했다.

"왜 용기가 필요한 일은 늘 시간 탓을 하고, 심각하고 우울하고 부득이한 일은 항상 사는 게 다 그런 거라고 말할까요?"

이상적인 삶을 꿈꾸면서 기회만 기다리는 것은 헛수고에 시간 낭비일 뿐이다. 당장 지금부터 음식, 일과 휴식 패턴, 사고방식, 대화 대상

등 모든 걸 바꿔야 한다. 칼을 품은 심정으로 지금 바로 자신을 둘러싼 보이지 않는 유리막을 깨부수고 인생의 작은 티끌 하나라도 찾아내는 일이 우선이다.

어떤 결정을 앞두고 갈등할 때마다 최대한 균형을 맞추어 선택하기는 불가능하다. 그래서 사람들은 대부분 그런 상황에서 가장 이성적인 선택을 하고자 한다. 다시 말해 사람은 누구나 인생의 어느 지점에서 결정을 내리기 전에 최적해最適解, Optimal Solution를 찾으려고 하지만 실제로 경제학에서 최적해를 찾을 가능성은 거의 제로에 가깝다.

그러나 우리가 간과하고 있는 사실이 있다. 계속 결정을 미루는 동안 드는 비용이 잘못된 결정을 할 때 드는 비용보다 훨씬 많다는 것이다.

결정 장애에서 벗어나면 백 가지 장밋빛 컬러 립스틱 중에서 어떤 색을 바르고 싶은지 정확하게 안다. 정말로 원하는 걸 찾지 못하면 차라리 갖지 않을지언정 차선의 선택을 하지 않고 대체품에도 만족하지 못한다. 그리고 자기가 좋아하는 일을 하면 어떤 보상을 얻게 될지 궁금하지 않고 일을 하는 자체만으로 충분히 만족한다.

이렇게 선뜻 쉽게 결정을 내리면 입술에 바른 립스틱 색깔이 가장 예쁘지 않을 수도 있고 사람들의 지적을 받을 수도 있다. 또 차선책을 선택하지 않아서 대체품에서 느끼는 안정감과 만족감도 없고 자기가 좋아하는 일로 세간에서 흔히 말하는 성공을 이룰 수 없을지도 모른다.

하지만 후회하지는 않는다. 결과적으로 차선의 선택을 하는 데 시간을 허비하지 않았으니 죽기 직전에 후회할 일이 없는 것이다.

상상 속에서 눈앞의 이익에만 급급해하지 말고, 자기가 진심으로 좋아하는 것을 위해서라면 희생이 따르더라도 준비보다는 결정을 해야 한다.

심리학자 우즈훙은 "갈등 상황에서 갖가지 현실적인 이유를 강조하는 이유는 딱 한 가지, 행복과 즐거움을 스스로 추구하기가 두렵기 때문이다."라는 의미심장한 말을 했다.

'준비된 날'을 기다리지 않는 것은 사실 도를 닦는 일이나 마찬가지다. 인생을 허송세월하지 않으니 의미 있는 삶을 살 수 있는 유일한 길인 셈이다.

인생에서는 내일과 뜻밖의 일 중에 무엇이 먼저 찾아올지 모른다. 그래서 내가 좋아하는 시 한 수로 끝맺음을 할까 한다.

춤추라, 아무도 바라보고 있지 않은 것처럼
사랑하라, 한 번도 상처받지 않은 것처럼
노래하라, 아무도 듣고 있지 않은 것처럼
일하라, 돈이 필요하지 않은 것처럼
살라, 오늘이 마지막 날인 것처럼

# 다가올 미래에는
## 무엇을 이룰까

인생에는 가정, 일, 건강 등 여러 개의 공이 있는데 이 공들을 바닥에 떨어뜨리지 않도록 손에서 잘 다루어야 한다. 만약 땅에 떨어지면 다시 주워서 깨끗이 해야 하기 때문에 그에 따라 지출되는 비용이 훨씬 많아진다.

매년 새해가 다가오면 우리는 새해와 미래에 이루고 싶은 소망을 생각해보곤 한다. 묵은해와 새해가 교대하는 날은 일 년 중에서 가장 바쁘다. 아무래도 집을 새로 단장해야 하므로 청소하고, 꽃을 주문하고, 식당에 송년 음식도 주문한다. 친척과 친구 집도 방문하고, 아이 학교의 선생님에게 새해 인사도 하고, 남편과 외식도 하고, 나선 김에 부모님을 모시고 쇼핑하면서 새해 선물도 마련한다.

부모님을 부양하고 자녀를 키우는 나이가 되면 자기만의 일, 행복, 취미를 챙기기는 불가능하다. 인생에는 가정, 일, 건강 등 여러 개의 공이 있는데 이 공들을 바닥에 떨어뜨리지 않도록 손에서 잘 다루어야 한다. 만약 땅에 떨어지면 다시 주워서 깨끗이 해야 하므로 그에 따라 지출되는 비용이 훨씬 많아진다.

내가 어떻게 이렇게 잘 아느냐 하면 내 생활이 거의 그렇기 때문이다.

새해가 되면 어떤 의식을 치르는 느낌이 강하게 든다. 지나간 일 년을 벗어 던져서 가뿐하고, 새로운 일 년을 부여 받아서 든든하다. 새해에는 새로운 세상이 열리고 새 시대가 창조되는 것 같아서 감개무량하기도 하다.

하지만 새해를 맞이하면서 과거가 끝난 건 결코 아니다. 책꽂이에 얌전히 누워 있는 읽다 만 책을 다시 읽으며 생각을 깨우치고, 몸에 붙은 군살을 자율적으로 빼며 자유를 누리고, 완성하지 못한 계획은 자기 실력을 과대평가한 탓이 아닌지 돌아보는 일은 새해에도 계속된다.

그렇다면 지난 일 년 동안 나는 무엇을 배웠을까?

첫째, 불완전한 나를 받아들였다.

나는 전부터 줄곧 내가 어떤 분야에서 어느 정도 전문성을 지니고 있다고 생각했다. 그런데 내가 아무리 잘해도 나보다 훨씬 잘하는 사람이 늘 존재한다는 사실을 나중에야 알았다.

나보다 글을 잘 쓰는 사람은 강연 실력도 나보다 훌륭했고, 돈에서 자유로운 사람은 나보다 훨씬 자율적으로 소비했고, 굉장한 미인에 속하는 엄마는 성격이 나보다 더 겸손했다. 눈에 보이는 일을 다 할 수도 없고 생각한 대로 일이 이루어지는 것도 아니므로 자신을 과대평가하면 안 된다.

곰곰이 따져보면 이런 차이는 아마도 지능, 체력, 인내심 등 여러 방면의 아주 미세한 차이가 합쳐져서 눈에 띄게 나타난 것인 듯하다.

그래서 나보다 훌륭한 사람을 진심으로 우러러보고 배우려는 마음만 있을 뿐 질투나 부러움은 전혀 없다. 세상에는 거저 얻어지는 게 없다. 다만 내가 그들의 천부적인 재능과 헌신을 보지 못했을 뿐이다.

환경과 시기와 타인을 원망할 필요도 없다. 모든 문제의 근원은 모두 자기 자신에게 있다. 자신을 똑바로 보고 있는 그대로를 인정하면 마음이 편해져서 자신감이 생기고 스스로에게 이렇게 말할 수 있다.

"이봐, 친구. 성공보다는 성장하는 게 더 중요하니까 내년에도 계속 노력하자고."

둘째, 불확실성을 인정했다.

베이징에서 복리후생 제도가 우수하고 철밥통인 회사에 남들은 못 들어가서 안달인데 나는 올해 그곳을 나와서 프리랜서가 되었다. 그러나 창업했다고는 할 수 없다. '창업'이라는 두 글자에는 굉장히 많은 숫자와 계획과 목표가 포함되어 있는데 내 사전에는 그런 단어들이 없기 때문이다.

나는 자영업자가 아니라 그저 프리랜서 신분에 불과하다. 한 직업 모형을 선택했다고 하기보다는 내가 원하는 인생을 살고자 용기 있는 선택을 한 것이다. 나는 지금의 이런 삶을 퇴직 이후에나 누릴 수 있을 줄 알았다. 그런데 이미 유리벽 너머에 있는 세상으로 가려면 얼마나 아픈지 알아버렸기에 더 이상 그곳을 동경하지 않고 그 벽을 넘으려고 애쓰지 않게 되었을 뿐이다.

내가 이런 선택을 할 수 있었던 것은 경제적으로 웬만큼 안정되고 여유가 있기 때문이라고 말하는 사람이 많다. 나는 이 점을 부인하지는 않지만 프리랜서라는 직업에는 '불안정'이라는 단어가 늘 꼬리표처럼 붙어 다닌다. 일인 미디어 전문가 뤄전위羅振宇는 선전深圳에서 열린 송년 강연에서 매우 유익한 얘기를 해주었다.

"…… 당신의 선택은 누가 뭐래도 실수였고 도망이었고 실패였습니다. 그건 끝나지 않을 도망입니다. 비즈니스 스쿨에서는 성공 모델을 비통한 교훈으로 얼마든지 둔갑시킵니다."

시간은 자신을 이기려는 사람의 뒤를 계속 좇아가며 별의별 방법으로 냉정하게 그들을 비웃는다. 그러나 지난 일 년 중 가장 의미 있는 것은 내가 '실패'를 진심으로 받아들일 수 있게 되었다는 점이다. 내 인생에서 실패는 절대로 없으며 사람은 죽고 난 뒤에야 제대로 평가를 받는다는 생각을 더는 하지 않게 되었다.

인생은 바둑과 같다. 인생길이 완벽하지는 않지만 꾸준히 오래 걸을 수는 있다.

전에는 걱정이 많았다. 어느 날 창작 능력이 바닥나고 하찮은 재주마저도 써먹을 수 없게 되면 일감도 없어져서 경제적인 어려움을 겪진 않을까 하는 염려였다.

그러나 지금은 생각이 바뀌었다. 창작 능력이 바닥나면 깔끔하게 손을 놓고 편하게 산책하고 책도 읽으며 하루하루를 보내다가 글감이 떠오르면 다시 조금씩 써 내려가면 된다. 경제적인 문제도 미리 조금만 대비해두면 위기가 오더라도 기꺼이 받아들일 수 있다. 어쨌든 위기 속에서 새로운 기회가 또 생기고 앞으로도 기회는 얼마든지 많다.

새해에 나는 무엇을 이루고 싶을까?

굳이 무엇을 이루고 싶은지 말한다면 딱 한 가지다. 지금의 나보다

휠씬 나은 사람이 되고 싶다. 듣기에는 꽤 모호하고 허황한 헛소리 같지만 진심이다.

지금의 내 나이가 되면 다른 사람과 비교하는 게 무의미하다는 걸 잘 안다. 사람은 누구나 자기만의 고유성을 지니고 있다. 자기 처지는 자신이 가장 잘 알고 자기 욕구도 자신만이 채울 수 있다.

자신을 위한 인생을 살려면 허상 같은 기대에 목을 매지 않고 저도 모르게 허상 속에서 살지 않도록 정신을 바짝 차리려는 노력이 무엇보다 중요하다. 세상은 사람들의 기대를 충족시켜주지 않으므로 자신을 과대평가해서 세상에 기대하면 안 된다. 단, 자기 자신에게 거는 기대는 자신을 존중하는 일이다. 자신을 위해서 평범하지만 진지하게 살아보는 것이다.


새해에는 이런 일들을 이루고 싶다.


## 1. 최대한 자신에게 집중하기

예전에 나는 마음을 내려놓는 것을 기쁘지도 슬프지도 않은 상태라고 생각했다. 그런데 《티베트의 삶과 죽음에 관한 책西藏生死書》이라는 책을 읽고 티베트에 가서 티베트 사람의 일처리 방식을 보고서야 새로 깨달았다. 마음을 내려놓는 것은 무감각한 상태가 아니라 모든 일에 기대도 걸지 않고 저항하지도 않는 태도였다. 일종의 이완 상태 같은 거였다. 바깥세상은 자연의 법칙대로 변함없이 움직이지만 내 마음은 장미꽃 향기를 맡는 호랑이처럼 잠시 숨을 고르면서 세상을 편안히 느껴보는 것이다. 이런 자연스러운 현상을 이해하면 그대로 받아들이면 되고 이해하지 못해도 또 그런대로 받아들이고 살면 된다.

자신에게 집중하겠다는 내 바람은 자신을 너무 비하하지도 않고 건방지게 잘난 체하지도 않는 것이다. 객관적으로 자신을 평가할 수 있어야 자신을 차분하게 다스릴 수 있기 때문이다.

내가 정말로 원하는 것이 무엇인지 아는 것 또한 자신에게 집중하는 것이며, 뿌리치기 어려운 유혹과 기회를 만났을 때 심사숙고해서 '꽤 근사한 제안이지만 아쉽게도 저한테는 맞지 않는 일 같군요.'라고 거절할 수 있는 사람이 되었으면 한다. 또 자신에게 집중하면 정신이 흐리멍덩해지지 않아서 뼈저리게 후회할 일도 줄어든다. 내 나이에는 변덕스러운 세상 인심도 충분히 맛봤고 남녀 사이의 사랑도 알 만큼 알고 진실과 거짓도 구분할 수 있다. 누군가 나에게 "날 사랑하니?"라고 물으면 그 대상이 누구든지 간에 그 말은 물음이 아니고 그 사람이 날 사랑한다는 고백이라는 것도 안다.

선택할 것이 많으면 두렵고, 갈등이 심하면 초조하고, 욕망이 지나치면 잃는 게 많다. 그럴 때 자신에게 집중하면 인생이 편안해진다.


## 2. 결심을 잊지 않기

많은 사람이 초심을 유지하려고 하고 매사에 처음과 끝이 한결같기를 바란다. 하지만 인생이란 게 언제 어떻게 변할지 모르니 자신을 속일 수도 없고, 그 와중에 우리는 또 꾸준히 성장하기 때문에 어쩌면 초심은 원래 변할 수밖에 없는 것일지도 모른다.

초심이 변하면 변하는 대로 두어도 괜찮다. 다만 '결심'은 쉽게 바꾸면 안 된다. 결심은 처음에 마음먹은 행동의 이유가 무엇이며 그 이유에 좋은 의도를 담았는지 생각해봐야 한다.

이를테면 애초에 토란을 팔려고 마음먹었는데 시장 상황이 변해서 해산물 장사로 바꿨다고 치자. 아마 인생이 뜻대로 안 된다며 괴로워할 것이다. 하지만 토란을 팔려고 했던 이유를 곰곰이 생각해보면 괴로울 것도 없다. 결과적으로 가족의 편안한 삶을 위해서 장사를 시작한 것이니 해산물이라도 팔았으면 그걸로 결심은 지킨 셈이다.

또 멋스럽게 잘 차려입은 두 사람이 있다고 가정하고, 한 사람은 남들한테 뽐내고 욕망을 채우기 위해 차려입었다면, 다른 한 사람은 약속 자리에서 예의를 갖추려고 차려입었다고 하자. 두 사람의 겉모습은 완전히 똑같아 보이지만 내면은 전혀 다르다. 이는 두 사람의 결심이 달라서 서로 다른 결과가 나타난 것이다.

결심에 좋은 의도를 담았다면 어떤 결과가 나오더라도 나는 후회 없이 편안하게 받아들인다. 성공하든 실패하든 미소를 잃지 않을 수 있고 누가 이기거나 지거나 상관없이 마음이 평온하다. 세상 사람들이 나에게 빚을 질지언정 내가 그들에게 빚질 일은 없다. 결심이 옳은데 결과가 나쁘면 스스로 반성하면 될 일이다.

## 3. 진심으로 느끼기

나는 아내이자 어머니이자 딸이지만 나 자신의 일을 최우선 순위로 둔다. 이는 정해진 어떤 '틀' 안에 갇혀 살지 않겠다는 뜻이다.

나이가 지긋해지면 가정을 위해서 무조건 순종하고 희생하고 타협해야 할까? 돈이 많이 드는 새로운 일에는 도전하면 안 될까? 세상을 너무 아름답게만 보면 비웃음거리가 될까?

비웃음 당해도 상관없다. 충분히 성숙해야 마음이 움직이지 않고 충분히 이성적이어야 자제력을 잃지 않고 충분히 강해야 울지 않는 법이다.

난 여전히 상처를 잘 받고 나약하고 아프다. 사소한 결정은 데이터에 근거하고 큰 결정은 직감에 의존한다. 우울할 때는 세상이 모두 날 버린 것 같고 기쁠 때는 세상이 내 손 안에 있는 것 같다. 내면에 존재하는 사소하고 모호한 것들도 모두 중요하게 여기지만 무엇보다 갈망하는 것은 '희망'이다. 희망은 바로 활기차게, 진실하게, 조금은 부족하게 살아가는 나 자신이다.

새해에는 여행을 많이 다니고 술도 많이 마시고 모든 걸 충분히 느끼고 싶다. 설령 실패하는 일이 있더라도 '제로에서부터 다시 시작'할 수 있고 좌절하더라도 끝까지 '한 번 더' 시도하면 된다.

셰익스피어의 《템페스트The Tempest》에 '과거는 모두 서막일 뿐이다.'라는 구절이 있다. 그러므로 우리는 자기 관리의 첫 단계로 자신을 정확히 알기 위해서는 먼저 자신을 돌아봐야 한다. 또 세월을 헛되이 보내지 않기 위한 첫 단계로 숙고하려면 멀리 내다봐야 한다. 내가 새해를 맞이한 지 이틀째 되는 날 새벽 세 시에 컴퓨터를 켜고 독자에게 이렇게 많은 얘기를 하며 소통의 길을 연 이유도 바로 이 때문이다.

자, 내 얘기는 다 끝났으니 이제는 여러분이 이야기를 할 차례다. 지나간 일 년을 차분히 잘 정리했다면 다가올 미래에는 무엇을 이루고 싶은지 얘기해볼 수 있을까?

# 남과 다르게, 나답게 사는 법

2019. 1. 11. 초 판 1쇄 인쇄
2019. 1. 18. 초 판 1쇄 발행

지은이 | 저우구이이
옮긴이 | 주은주
펴낸이 | 이종춘
펴낸곳 | **BM** (주)도서출판 **성안당**
주소 | 04032 서울시 마포구 양화로 127 첨단빌딩 5층(출판기획 R&D 센터)
　　　10881 경기도 파주시 문발로 112 출판문화정보산업단지(제작 및 물류)
전화 | 02) 3142-0036
　　　031) 950-6300
팩스 | 031) 955-0510
등록 | 1973. 2. 1. 제406-2005-000046호
출판사 홈페이지 | www.cyber.co.kr
ISBN | 978-89-315-8719-7 (03190)
정가 | 15,000원

### 이 책을 만든 사람들
책임 | 최옥현
진행 | 김해영
교정·교열 | 신정진
본문·표지 디자인 | 상:想 company
홍보 | 정가현
국제부 | 이선민, 조혜란, 김혜숙
마케팅 | 구본철, 차정욱, 나진호, 이동후, 강호묵
제작 | 김유석

■ 도서 A/S 안내

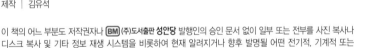

성안당에서 발행하는 모든 도서는 저자와 출판사, 그리고 독자가 함께 만들어 나갑니다.
좋은 책을 펴내기 위해 많은 노력을 기울이고 있습니다. 혹시라도 내용상의 오류나 오탈자 등이 발견되면 "좋은 책은 나라의 보배"로서 우리 모두가 함께 만들어 간다는 마음으로 연락주시기 바랍니다. 수정 보완하여 더 나은 책이 되도록 최선을 다하겠습니다.
성안당은 늘 독자 여러분들의 소중한 의견을 기다리고 있습니다. 좋은 의견을 보내주시는 분께는 성안당 쇼핑몰의 포인트(3,000포인트)를 적립해 드립니다.
잘못 만들어진 책이나 부록 등이 파손된 경우에는 교환해 드립니다.